下沉式营销

李恺阳/著

SINKING MARKETING

中华工商联合出版社

图书在版编目(CIP)数据

下沉式营销 / 李恺阳著. -- 北京：中华工商联合出版社，2022.12
ISBN 978-7-5158-2988-3

Ⅰ.①下… Ⅱ.①李… Ⅲ.①市场营销学 Ⅳ.①F713.50

中国版本图书馆CIP数据核字（2023）第003895号

下沉式营销

作　　者：	李恺阳
出 品 人：	刘　刚
特约编辑：	张　亮
责任编辑：	李　瑛　李红霞
排版设计：	水日方设计
责任审读：	付德华
责任印制：	迈致红
出版发行：	中华工商联合出版社有限责任公司
印　　刷：	北京毅峰迅捷印刷有限公司
版　　次：	2023年4月第1版
印　　次：	2023年4月第1次印刷
开　　本：	710mm×1020mm　1/16
字　　数：	170千字
印　　张：	14.5
书　　号：	ISBN 978-7-5158-2988-3
定　　价：	58.00元

服务热线：010—58301130—0（前台）
销售热线：010—58302977（网店部）
　　　　　010—58302166（门店部）
　　　　　010—58302837（馆配部、新媒体部）
　　　　　010—58302813（团购部）
地址邮编：北京市西城区西环广场A座
　　　　　19—20层，100044
http://www.chgslcbs.cn
投稿热线：010—58302907（总编室）
投稿邮箱：1621239583@qq.com

工商联版图书
版权所有　侵权必究

凡本社图书出现印装质量问题，请与印务部联系。
联系电话：010—58302915

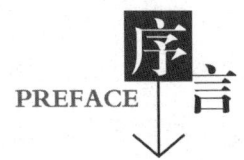

随着一二线城市发展日渐饱和，下沉市场正在成为新的蓝海市场，也被认为是最后的流量聚集地。现实情况是，如今在大城市中的获客成本逐渐增高，即便是跳脱了空间限制的互联网，也面临着流量日渐枯萎的不利境地，相比之下，尚未被完全挖掘潜在价值的下沉市场，则存在着更多的商业生机。

下沉市场并非是一个严谨的称谓，因为从定义上讲包含了一二线城市以外的其他国内市场，这其中有工业化程度不低的三四线城市，也有经济腾飞的乡镇地区，还有经济文化发展差异较大的广大农村地区……所以下沉市场依然不是一个细分市场。但是从商业逻辑上看，"下沉市场"这一概念的设定，有助于我们将其和北上广深这样的大城市区分开来，避免陷入到有关产品设计、生产、营销、售后等定势思维中。

总的来看，下沉市场蕴藏着无穷的挖掘潜力，不管是对国家、商家还是消费者来说，都是值得深挖价值的存在。但是在布局下沉市场之前，首先要读懂下沉市场的基本特征和潜在属性，才能做到集中优势资源办大事。

和一二线城市相比，下沉市场的确没有时尚影视剧中的美丽与繁华，也缺少阳春白雪的小资情调，但是它包括了大多数人工作和生活的状态，是一幅反映当下民生状况的写实画卷。然而，因为缺少话题感和话语权，下沉市场很少得到媒体甚至是商家的重点关注，因为下沉市场的消费者过着朴素而又简单的生活，他们对时尚大牌不敏感，对国际政治不狂热，安心于三点一线甚至两点一线的循环生活中，以至于某天突然得到了聚光灯的照射，却依然呈现出一种光影下的神秘存在感。

  下沉市场不能简单理解为"消费降级"的存在，这里的消费者虽然普遍收入较低，但工作生活压力较小，他们所表现出的消费意愿和消费能力并不过多落后于一二线城市，甚至在某种程度上有反超之势，毕竟很多人不需要偿还房贷，不需要加班工作，不需要耗费两三个小时去通勤，他们有更加充裕的资金和时间去享受生活。与此同时，移动互联网的发展让下沉用户见识到了更丰富多彩的世界和生活方式，也在一定程度上激发了他们追求精致生活的潜在心理，而这就是所有商家进入下沉市场的切入点之一。

  通过阅读本书，你可以了解到关于下沉市场的很多典型案例，其中会涉及到一些痛点的分析和难点的破解，让你更为全面和细致地了解下沉市场，了解下沉用户的真实生活状态和消费心理。本书也试图给出一些解决方案和指导意见，让你在进入下沉市场时不再是懵懂无知，能够根据自身的定位和诉求选择一条可参考的实操路径。

  下沉市场是国内经济的重要金矿，未来它可能会成为影响中国经济发展基本走势的重要因素。只有从宏观和微观的角度深入剖析，才能真正读懂下沉市场的本质，从中诞生创意和灵感，进而带着胜算上阵，获得新的商业增量。

第一章 ｜ 新市场：杀出北上广深

1. 聚焦一二线：钱真的难赚了　　002
2. 别小看"三四线"的增量能力　　006
3. 磨刀：先做产业链布局　　011
4. 大城市做门面，小县城做用户　　015
5. 先战略后战术：心急吃不了热豆腐　　020

第二章 ｜ 中国到底有几个市场

1. 地域是面，层级是线　　026
2. 双管齐下：战略全景图+细分市场　　031
3. 奢侈品的参与感：LV和买菜大妈　　036
4. 群体画像三部曲：白描、上色、裱糊　　041
5. 社区推广：点对点的下沉打法　　046

第三章 | 革新，始于战略思维

1. 守住通往罗马最近的那条道 052
2. 最好的流程叫简单粗暴 056
3. 速度致胜：下沉，首先要沉得快 061
4. 资源少怎么玩？要集中不要分散 066
5. 排兵布阵：质量比规模更重要 071
6. 用病毒式营销打开市场 075

第四章 | 占高地：区域开发的规则和禁忌

1. 回归诚信：开拓市场的不二法门 082
2. 自建渠道，扯开大旗的第一步 087
3. 精细化营销，把价格策略吃透 092
4. 化解僵局：新产品=新入口 097
5. "土味营销"为何火了：寻找你的代言人 102
6. 本土化，离不开"本地和尚" 107

第五章 | 市场孵化：鸡和蛋都不能少

1. 打破消费壁垒：提升体验感 114
2. 文化感：不可忽视的精神助推力 120
3. 用户有话说：少谈历史，多做款式 125
4. 注意风向：自媒体是新盟友 129
5. 做用户先做应用场景 133

6. 小镇青年养成攻略　　　　　　　　　　139

第六章 ｜ 下沉进化论：忘掉以前的打法

1. 小店面的"换头术"　　　　　　　　146
2. 大卖场的"包装术"　　　　　　　　150
3. 别急，先复制一个"皇冠网店"　　　155
4. 社群营销：批量转化工具　　　　　　159
5. 讲好品牌故事　　　　　　　　　　　164
6. 加快转化：大数据是新魔法　　　　　169

第七章 ｜ 城市不丢，农村不放

1. 精准定位：你要分的"蛋糕"什么样　176
2. 打动农村用户，从视觉开始　　　　　181
3. 打造"乡村好口碑"　　　　　　　　187
4. 墙体广告：农媒体在发力　　　　　　191
5. 把"购物车"植入农户的手机　　　　196

第八章 ｜ 以点带面：成功案例直播

1. 京东：电器下乡的辛酸探路史　　　　202
2. 快手：小镇青年的自嗨诉求　　　　　207
3. 趣头条：好孩子就要多奖励　　　　　212
4. 蜜雪冰城：苍蝇腿也是肉　　　　　　217

第一章
CHAPTER ONE

新市场：杀出北上广深

1 → 聚焦一二线：钱真的难赚了

现在，只要你打开搜索软件，输入"一二线市场饱和"，就会检索到"房地产饱和""汽车业饱和""零售业饱和""在线教育饱和"，甚至是"地板饱和""茶叶饱和"……只要是做营销的，都在感叹一二线市场艰难。造成一二线市场艰难的原因是复杂的，我们先总结出三个显性的原因：

第一，一二线城市的高生活成本导致人口回流。

人是消费的主体，人口流失自然会带来消费的萎靡。一直以来，一二线城市是人们生活与工作的首选之地，因为这里和三四线城市相比有更广阔的就业和创业空间，也意味着居住和生活质量更高。但是，随着城市化进程加快，导致进入一二线城市的人口激增，由此引发一系列负面影响，比如交通拥堵、水资源短缺、空气质量下降等，对于人民大众影响最深的就是高昂的房价，让很多外来者无法在他们奋斗的城市中购买一套住房，从根本上动摇了他们留下来的决心。除此之外，外来务工人员造成的两地分居、留守儿童和留守老人等社会问题，也让一部分人谨慎选择背井离乡。从2017年开始，北京和上海的常住人口下降，宣告着一二线城市人口流失的开始。

第二，一二线城市的营商环境走向白热化。

过去，一二线城市是商家的天堂，因为这里交通便利、信息发达、人口密集、资源丰富，加上人们的购买力相对较高，消费主义盛行，是赚取流量和银子的天堂。然而，随着商业化程度的集中和红海市场的扩散，如今全国80%~90%的一二线城市不再有当年的荣光，开店密度趋近于饱和。这里面有网络经济对实体经济的冲击，也有人口流失带来的副作用，加之竞争者间的经营模式和经验策略日趋同质化，导致企业在一二线城市想要获得好看的业绩难上加难。另外，随着中国市场在国际上的逐步开放，一大批有技术有实力有知名度的外资企业进驻一二线城市，让原本就不够分的蛋糕变得更是稀缺，所以全行业的生存状况都不够理想。

第三，一二线城市的消费观念对新兴品牌的接受度日益降低。

大品牌做市场营销，可以依靠多年积攒的信誉度和资金维持既有市场，即便消费群体缩减也不会面临灭顶之灾，毕竟"瘦死的骆驼比马大"，所以一二线城市就成为它们的主战场。对于新兴品牌来说，一二线城市就显得不那么友好了，一方面受到马太效应的影响，导致它们无力和行业中的龙头竞争；另一方面是因为一二线城市的消费者品牌认知度更加敏感，他们不会轻易选择一个名不见经传的品牌，已经形成了固定的品牌和渠道黏性，想要从他们手中赚取利润是非常困难的。

除了上述三个原因之外，一些意外因素也在打压着一二线城市的经济发展。2020年爆发的新冠疫情就是例子，因为一二线城市人口集中，流动性大，所以封管措施会更严格。即便存在着线上消费，但这种消费是有限的，而且带动的未必是地方经济。相比之下，三四线城市因为人口密度小以及交通不便等因素，反而在疫情之下具备了某种意义上的优势，所以这些地方的单位往往率先实现复产复工。

有一句话叫作："谁占据边缘，谁才更有机会占据整体。"在一二线城市经济萎靡之时，与之相对存在的"下沉市场"的情况却截然不同，一二线城市累计的劣势在这些地方甚至变成了优势。所谓的"下沉市场"可以简单理解为除去一二线市场以外的三四五线直至十八线市场城市，人口约有10亿左右，分布在中国97%的土地上，以小镇青年和银发老人为主。这里具备了一二线城市不具备的三大优势：

首先，下沉市场承接了一二线城市的外流人口，占据人口红利优势。

如今中国社会形成了以"85后"与"90后"为主导的消费结构，根据美国著名研究机构ComScore的统计数据可知，国内25~34岁消费人群占据总人口的比例已经超过30%，大幅度高于世界平均水平，这里面原本就包含着下沉市场的人口，加之从一二线城市回流的年轻人，就构成了一波庞大的消费主力军。

其次，下沉市场的营商环境相比一二线城市更优越。

虽然下沉市场缺少大品牌、大企业，但是这里具备了熟人社会的属性，是一种"小圈子"式的社会，通过亲戚好友与邻里关系而形成的复杂关系网络，让人与人之间变得熟识，这就为"熟人经济"的落地生根提供了便利，广大商家完全可以通过熟人社交打通营销渠道。而且，那些离开大城市的外来务工人员，其中就有不少人选择在就近的低线城市就业，让他们保持落在一二线城市生活时的消费习惯，也就带动了下沉市场的消费升级。

最后，下沉市场对新兴品牌的接受度更高。

一二线城市的消费观念是成熟的，但下沉市场的青年消费群体，他们对新鲜事物更为敏感和好奇，也愿意在消费过程中体现自己的个性，比如追求新鲜刺激和多样化，所以新品牌不会被他们嫌弃，反而更有生存的土壤。

有人在红海中拼得火热，也有人在蓝海中悄悄布局。正如史玉柱所说："真正的最大市场是在下面，而不是在上面。"谁能在这个新的赛道中跑出好成绩，谁就拥有在下一个风口起飞的机会。

2 → 别小看"三四线"的增量能力

相信在很多大公司销售部的办公桌上,都会摆着国内市场分析之类的报告,洋洋洒洒几千上万字,头头是道地分析国内市场如何如何,恨不得把一份报告变成行业内的销售圣经……不夸张地说,谁用"国内市场"做关键词,谁就离销售圣经越远,离失败案例越近。

中国地域如此广大、人口众多,民风习俗千差万别,别说是看成一个市场,就是划分出三四个市场也未必客观。当然,给不同的市场贴上带有刻板印象的标签也过于简单粗暴,比如一二线城市就是"消费能力巨大","三四线城市"就是"带不动"……这种贴标签倒不是完全错误,而是过于概念化一个市场,就容易产生误区甚至是歧视,先入为主地判定好坏。

我们在这里所说的"三四线城市",是习惯上被一二线城市边缘化的其他城市，某种程度上也包含着"五六线"城市以及小县城，是一个概念泛化的定义，是下沉营销的主攻目标之一。和一二线城市相比，三四线城市作为一个被分类出的市场，有它自身的特点，而不是简单地理解为消费能力排在第三四位。

下沉市场的本质是什么？不是告诉你越往下走市场消费能力越差，而是在提醒你：越往下的市场消费观念会相对滞后。具体地说，一二线城市的审美跟风要快于三四线城市，就像一个时尚美女天天谈论维密巴黎时装周，而三四线城市则是刚出校门的理工科朴素妹子，只是对时尚潮流不够敏感。

最近几年，在一二线城市流行简约主义，色调以黑白灰为主，渗透到了服装、居家装修等多个方面，可如果你穿着这样的衣服去小县城探亲，他们可能会笑话你穿的太土味、不够艳丽，却不会想到这是当今极简主义的审美变异体。

既然一二线市场和三四线市场的主要区别在于观念，那就不要动辄用消费能力去区分它们。换句话说，三四线市场的消费者也有花钱的欲望和胆量，只不过他们在付账的那一刻会考虑"值不值得买"而不是"买不买得起"。

根据2021年国家统计局的数字，中国城镇居民人均可支配收入达到了每年47 412元，比上年增长8.2%；而农村居民人均可支配收入达到每年18 931元，比上年增长10.5%。一句话概括：下沉市场的消费者收入增幅超过一二线城市，其消费内容主要以家庭消费为主。显然，小城镇的消费能力在缓步提高，朝着一二线城市的消费观念靠拢，可归根结底，不到3 000元的可支配收入还是底气不足。不过这并非是放弃下沉市场的理由，因为有一点不能忽视，小城镇的房价压力很小，人们更敢花钱，没有后顾之忧，不像一二线城市的人有闲钱却捂住钱包舍不得花。

那么问题来了，如何让小城镇的消费者痛快地把这几千元可支配资金变成市场增量呢？简单地说，抓住两个点：

第一，需求点。

我们换位思考一下，小城镇的消费者最在意什么？性价比。

一个品牌包含着两个部分：理性部分和感性部分。理性部分指的是产品有何种功能、能够帮助用户解决什么问题，比如一台扫地机器人可以清洁家里的卫生。感性部分指的是品牌形象，比如同样都能上网拍照、处理能力相差无几的手机，如果是苹果就会变成一种"信仰"，而如果是名气稍逊的国产品牌就是"实用"，即便两个产品功能参数接近，实际体验感差距也不大，但用户的内心感受度可能是天壤之别，也就形成了常说的品牌溢价。当然，品牌溢价和性价比不是矛盾的存在，性价比中的"性"指的就是品牌带给人的感性价值，比如爱马仕的包虽然价格昂贵，可带着它出去就是有面子，这个面子也是实际存在的体验感，不能单纯用价值来衡量。但是，如果市面上冒出一堆高仿的爱马仕，连挤公交的大妈也背着它，那么这个品牌在人们心中的感性价值可能就会下降。

一二线城市的消费者往往品牌意识很强，愿意为品牌溢价埋单，而小城镇的消费者对品牌的认同度就要弱很多，但是这并不意味着他们没有这方面的消费需求，他们也需要智能手机、扫地机器人、包包，只是价格不能太高，所以在如今的十八线市场到处可见山寨产品，比如模仿肯德基的华莱士、模仿优衣库的潮衣库等，虽然听起来有些土，可它们就是活得很滋润。作为企业和商家，如果抓住小城镇市场的这个需求点，就能带动消费者的增量速度，满足他们对"山寨名牌产品"的感性价值和理性功能的双重需求，而不要天真地幻想用真正的名牌去征服他们。这并不是说做不到，而是难度系数太高。另外从实操的角度看，山寨品模式能够轻易复制，风险较低，不会"一失足成千古恨"。

第二，情境点。

对任何产品或者服务的消费，都要依托于一个环境，环境加上使用需求和体验感，就变成了"情境"，这是另一个需要抓住的点。

和一二线城市相比，小城镇的消费者可支配时间更多，因为他们的工作压力小。根据2019年北京大学社会调查研究中心和智联招聘推出的《中国职场人平衡指数调研报告》可知，三线以下城市的居民工作时间通常是每天最多工作6小时，低于一二线城市。空闲的时间就会产生额外的消费甚至是刚性需求的消费，比如玩游戏、刷抖音或者去娱乐场所、美容院等，企业和商家就可以从情境出发，为他们量身打造符合慢节奏生活的产品和服务，比如茶馆、麻将馆、宠物消费等，不过要注意两个问题：

一个问题是产品概念要跟得上一线城市。你的产品可以不够出名，可以功能存在缺憾，设计没有艺术感，但一定有一个点能够对标一二线城市的消费观念，让小城镇的消费者认为自己正在紧跟时代发展的节奏，比如一线城市流行的简约风，虽然引进过来一时难以接受，但可以通过展示相关产品给小城镇市场"洗脑"；再比如网络付费观念，可以通过灌输知识产权、普及现代消费理念逐步渗透，让这部分消费者意识到"花钱看电影听音乐"是文明消费的表现，能够提升他们的档次。

另一个问题是寻找拥有客源的合作伙伴。小城镇的"熟人经济"比一二线城市特征更加明显，很多人终其一生都在一个单位甚至一个小区里生活，消费环境相对稳定，他们所选择的也是和熟悉的商家进行交易。如果你能切入到"熟人路径"中，就能迅速地抓取丰富的客户资源，这远比人员流动性大、"陌生人社会"的一二线城市更具可操作性。打个比方，如果你销售的是汽车产品，可以通过当地的4S店、修车行了解谁购买了汽车，借助熟人关系赠送给你的潜在客户一些小礼品，很容易就会转化为固定客户。

三四线城市、小城镇市场确实不如一二线市场那样耀眼繁华，很多现代智能营销手段也都无用武之地，可不论你嫌弃与否，它都摆在那里，不减反增。而生意就是给脑子活腿勤快的人准备的，当你认同这个市场的未来潜力时，它也会对你张开双臂。

3 → 磨刀：先做产业链布局

如今，随着一二线城市的人口红利逐渐走向疲软，越来越多的商家开始在下沉市场跑马圈地，大有磨刀霍霍之势。从意识上讲算是在追赶时代变化的脚步，但从战略上看并不成熟，因为占领下沉市场并非是买几张入场券就可以进去占座的，而是在入场之前要先做好产业链布局。

从市场的饱和度上看，三四线城市乃至十八线城市都有着巨大的挖掘空间，但在没有基础的前提下贸然进入，依然不能很好地掘金。因为和一二线城市不同，下沉市场需要时间的沉淀和产业的积累，作为商家，只有充分地深入了解未饱和市场带来的商机，才能延伸出完整的产业链，在未来拥有更大的市场格局。

为何要强调从市场格局出发？因为中国改革开放四十年来，三四线城市以县域为单位形成了大量的轻纺、家电、建材等细分领域的产业集群，支撑了中国经济的高速度增长，不过同时存在的问题是国内市场的结构性短缺等因素造成的产业完善和升级的新问题。如果不能解决上述问题，那么势必会在下沉市场的开拓过程中遇到产业链拉垮的情况。打个比方，你想在三四线城市做自助艺术摄影，却发现由于物流跟不上导致热门款的Cosplay服装无法及时到货，一些配合摄影的稀奇道具也跟不上，这就会影响顾客消费的意愿和热情。当然，建立产业链并非是单枪匹马就能够完成的，这需要以下沉市场为阵地，联合多个合作伙伴共同出手，才能有望将产业链条做长做实。

第一，通过科技创新的手段增强产业竞争力。

创新作为拉动经济增长的驱动力一直是不争的事实，但过去人们往往将创新的故事聚焦在一二线城市，认为那里的消费欲望更强、社会观念更新，但随着下沉营销大旗的擎起，创新作为激活传统产业的催化剂更符合三四线城市的现实需求。为了达到这个目的，可以通过政企合作的方式在地方搭建创新平台，在一二线城市和三四线城市之间建立沟通的纽带，让一二线城市积累多年的大数据技术、人工智能技术进入三四线城市，促进当地传统产业的升级和完善。除此之外，还可以借助政府之力创新多个公共服务的引用场景，比如交通、医疗和娱乐等，通过打造新技术模式的方式与传统产业相融合，进而催生新的产品制造能力和消费需求。

第二，以区域协同和产业联盟重塑产业格局。

产业链布局是一个宏观层面的重大任务，仅凭一家企业或者一个行业是难以产生质变效果的，所以在区域内建立协同关系，同时打造产业联盟,才能最大程度地聚集力量,从整体上提升产业结构效率。具体的操作手段如下:首先是将研发和投资等环节向一二线城市转移,吸引高端要素朝着本地的产业链聚集,建立技术优势。其次是将制造环节转移到成本更低的地区,控制生产成本,保持价格优势。最后,通过区域和产业内的联盟关系打造跨区域、跨产业的合作网络,提升地方产业的影响力和辐射力。在积累了上述优势之后,下沉市场的硬仗才容易打赢。而过去一些企业进入三四线城市惨败的原因就是缺乏组队意识,单打独斗是无法占领市场的。只有组建了联盟关系,就能减少区域和产业内的彼此消耗,有更多的资金和精力去发展企业,跟上国内甚至世界巨头的脚步,为自己谋求相对公正公平的竞争环境。

第三,通过品牌建设促进产业链升级。

中国在2018年时人均GDP逼近10 000美元,之所以能达到这个标准,是因为当时国内的中产阶级逐步崛起,他们不再把消费看成是生活的必须,而是追求更高享受的消费升级。在这种热潮的带动下,中国产品进入了品牌跨越式发展的新时期,品牌化就成为当时引领产业转型升级的风向标。时至今日,这个风向标依然不过时,要想在下沉市场刺激民众的消费欲望,不寻找一两个品牌作为样板是很难打破僵局的。因此,需要以地方的龙头企业为核心,依托它们在当地深耕多年的基础,建立区域内优秀企业的强强联合优势,不断提升行业集中度,从而逐步打造出更多的具有品牌价值的新企业。当然,如果地方缺少有影响力或者发展潜力的龙头企业,那也可系统性地推动传统产品升级换代,比如向市场和消费者灌输中高端的消费理念，主动加快下沉市场消费升级的速度。当然，如果资金足够充足的话，也可以直接收购国外有影响力的品牌，间接带动地方产业升级。

第四，获得资本市场的青睐。

严格地讲，这一步实属无奈之举，或者说并非是首要选择，但如果你在前三步中都走得不顺、没有达到预期效果时，那么被大企业收购不失为一种保底策略，这意味着你起码没有被踢出局。当然，想要被资本市场青睐并不容易，至少要成为一个有特色、有潜力的企业，比如占据着某块具备区位优势的地皮或者已经发展出了独特产品特色的生产线等，总之要有给收购方创造未来价值的可能。

当然，不同的行业有不同的战略战术，但基本上都是殊途同归，特别是从一二线市场转入下沉市场的，所要解决和面对的问题都大体相近，要想牢牢把握住机会，就要学会从一线城市的消费模式和消费志趣的定势思维中解脱出来，才能发现并创造市场需求。

总而言之，在下沉市场被热捧的当下，能否完成产业链布局就成为了先发者占据优势、后发者弥补不足的关键。尽管成为全产业链的探索者要付出较大代价，但面对下沉市场的巨大增量优势，这种投入还是必须的也是值得的，毕竟实现从0到1的突破才是最难的，而一旦打开缺口，挖掘下沉市场的黄金将愈发轻松。

4 → 大城市做门面，小县城做用户

"下沉市场"是一个内容宽泛的概念，它包括三四线城市，也包含十八线的小城镇，不同的区域等级有着不同的打法。对于那些习惯在一二线城市开疆扩土的商家来说，三四线城市的打法大致相同，然而小城镇的攻略就需要重新入门了。

目前，中国下沉用户规模总数超过6亿，而且增长速度惊人，尤其是互联网用户，从整体特征来看，他们和手机的联系十分紧密，愿意拿出更多闲暇的时间去刷手机。或许有人会提出异议：难道一二线城市的用户不是在闲暇时间刷手机吗？的确，单从和手机的依赖性来看，全国的用户都没有多大差别，但问题在于，一二线城市出于维护品牌形象、市场营销以及城市建设等多方面的诉求，依然会在一些看似不需要多投入的地方做"面子工程"。比如在繁华热闹的商圈或者以万代为代表的城市综合体上做线下宣传，而小县

城既没有这些资源，同样也没有这些负担，所以呈现在外的特点就是大城市会做好门面，而小县城则更注重实际，而所谓"重实际"的关键就是将注意力放在用户身上。

另外还有一点不能忽视，由于小县城的生活节奏较慢，工作压力较小，所以用户使用手机的时间会高于一二线城市，加之线下缺少大规模、高档次的消费场所，这意味着小县城的用户想要消费，入口还是依托在互联网上。既然如此，商家就没必要将精力放在打造线下入口上，而是将目标直指用户。

正如前文分析的那样，小城镇的消费者具有闲暇时间多、生活节奏慢、通勤时间短等特点，看似拥有更多的休闲娱乐时间，但因为所在区域娱乐场所较少，大把的空闲时间其实并没有消费的目标，而他们对价格又比较敏感，对线下和实体店的信任程度较高，因此我们可以总结出吸引小城镇用户的获客策略。

第一，举办投票活动，吸引亲朋好友互相拉票。

对于小县城的实体店来说，虽然本地市场竞争压力没有一二线城市那么大，但是在各大网店的冲击下，消费者很可能会网购自己想要的产品，那么就需要借助"熟人经济"的用户收割能力来扬长避短，建立本地营销优势。打个比方，如果是一家玩具店，可以推出"某地最甜微笑比赛"之类的活动，活动规则参考如下：参与者只需要上传家中孩子微笑的照片就有机会赢得手推车、玩具等奖品，投票规则是选出前三名的照片，不同名次对应不同的奖品，投票期间每个人每天只能投5次票，鼓励大家每天发布相应的链接进行拉票。

众所周知，小城镇的生育率普遍高于一二线城市，所以这一类比赛具有对家长的吸引力，而且宝爸宝妈原本就有晒娃的习惯，所以上传照片对他们来说是一种愉悦的社交行为，因此这一类活动不会在参与者中产生抵触心理，加上小城镇的社交圈子小，熟人较多，拉票活动会转化为一种链式反应，直接或者间接地拉更多的人"下水"。即使这一部分群体没有孩子，不能成为直接的参与者，但他们也会通过这类活动了解举办方，在客观上发展成为潜在用户，为日后的进一步获客奠定基础。

第二，举办引流活动，吸引消费者广泛参加。

虽然小城镇的人口密度不如一二线城市，但通过线上引流的方式就能避免这一短板。最大程度地积攒用户基础，最常见的营销方式就是"积赞满就送"之类的活动。这类活动通常是以新店开业或者周年庆的名义展开，活动规则参考如下：在规定的时间内让用户设计出某店面开业大吉或者周年庆的海报，只需要简单的设计即可，无需专业门槛，然后将设计出的海报电子版上传到自己的社交平台获得若干赞，达到一定标准后即可到店领取奖励。当然，这类活动要事先声明不得使用任何点赞工具或者刷赞服务，否则将直接取消评选资格。

集赞引流是一种常见的引流方式，虽然从形式上讲并没有创新性，但内容上可以发挥想象力，比如设计海报、设计广告词、手机摄影等，这些原本就是一些人的生活片段，甚至是兴趣爱好所在，天然就存在着分享欲，那么在物质奖励的前提下大多数人都乐于参加。通过这种集赞的方式就能为新开业的或者知名度较低的店面引来新的客流，而且只要条件允许就可以阶段性地推出同类活动，起到长期引流和巩固客户群体的作用。

第三，组织砍价活动吸引用户到店消费。

拼多多上的"砍一刀"是促成其迅速拓展用户的重要营销手段之一。同理，小城镇的实体店面也可以借鉴这种方式，以各种节假日为名义举行活动，在线上和线下同步开展营销：线下顾客当场推荐指定人数关注或者添加商家的个人账号，就能享受相应的折扣优惠，以此类推，上不封顶；线上顾客转发有关店面的信息若干条，达到相应标准后一样可以获得对应的优惠政策（折扣力度应略低于线下活动）。不过采用这种营销策略时要注意，有些用户在享受折扣以后会取消关注甚至删除商家。为了避免这种情况发生，商家在开展活动时要说明添加关注后每个星期都会有线上抢红包的活动或者线下领取赠品的机会，这样就能起到长期留存客户的作用。

第四，举办早到即可领礼品的活动增强店面的知名度。

小城镇的店面曝光始终不要忘记线下，因为线下可以提供更真实的消费场景，也就能创造出更多的消费需求，所以要尽可能地以门店为依托举办各类营销活动，而"早到即可领礼品"就是提高店面知名度的常见营销手段。规则可以设定为：为答谢新老顾客，每天限前若干名免费领取礼品。需要注意的是，礼品应该设定为小城镇居民喜欢的日常生活用品或者其他快消品，比如水杯、饭盆、蔬菜、水果等。切忌赠送那些华而不实的产品，因为很可能会有一些老年人参与，实用性越强越能吸引他们。

创意是无限的，市场是有限的，所以一切营销手段要从现实出发，不要将一二线城市的某些营销手段照搬照抄到小城镇中，要死死盯住小城镇消费者的生活习惯和消费需求。由于小城镇的居民空闲时间较多，所以他们有精力也有动力去完成一些简单的操作获取便利。作为商家来说，就要拿出时间去琢磨和运营这一类活动，提高自家店面的曝光度，不断拓展各类获客手段，才能在下沉市场站稳脚跟。

5 → 先战略后战术：心急吃不了热豆腐

从一二线城市杀出来的商家，在找到下沉市场这块新宝地之后，思考的第一件事当然是如何挖到第一桶金，毕竟每前进一步都要掏出真金白银，变现就是刚需。但问题在于，如果立足未稳就贸然出手，从消费者手里拿到的恐怕不是钞票而是废纸，原因就在于急于实践战术而缺少战略。

根据2021年的数据可知，国内市场目前的状况是，近两年一线市场城区人口总数不到7 000万，而整个下沉市场的消费者超过10亿，一二线市场的用户消费趋于稳定，下沉市场目前还处于城市发展、经济增长、消费快速升级的阶段。从内需的角度看，下沉市场的显著特征是用户群体年轻化、增长速度快，以及人口众多，虽然他们对很多品牌的认知比较模糊，但正因如此，抢占下沉市场才给了各大品牌以想象的余地。

对于想要打造优质品牌的商家来说，下沉用户接触互联网的时间要慢于一二线城市，所以"不知者不怪"，不过也正是这个原因，下沉用户尚且处于可培育可塑造的关键时期，给了各大品牌去适应多元化需求的空间。如果定位明确，找准目标人群，就能很快实现扩张并通过互联网的营销方式增强用户黏性。

简单分析到这里，或许有人会急于总结出一条战略原则：价格战。的确，从表面上看，下沉用户对价格敏感是不争的事实，但这其实是战术层面的，因为只抓住这一点根本不能决定这场阵地争夺战的胜负关键，而当我们聚焦在战略层面就能发现，下沉市场的攻略宝典是价值大战。

何谓价值？这其实是一个讨论范围较大的话题，具体在下沉营销领域就是推动消费升级的观念在下沉用户中开枝散叶。因为即便是小县城的消费者，也会在买到相似的产品之后先是比较价格，然后再去比较品牌，尽管价格放在首位，但他们对品牌的认识已经在无形中慢慢形成了，而这才是进入下沉市场所要关注的"价值"。简而言之，任何商家想要在下沉市场争取到新的用户群体，就要抢占他们的认知高地，成为让他们印象深刻的品牌或者店面。当然，用户的需求是多元化的，不可能用一套拳法就能打败整个武林。

首先，我们要明确的战略思维是，如何认识正在发生变化的下沉市场。这个梳理非常重要，因为它能帮助我们避免不自觉地沿用一二线城市的营销经验，而是全身心地关注下沉市场这片新蓝海。那么，应该最先搞清的问题就是：这个市场到底有多大，值得我们投入多少？其实，判断一个市场的大小，要以它的收入空间作为切入点，也就是该市场的消费者收入有多高，比如平均月收入四千元和平均月收入一万两千元就是三倍差距的市场空间。打个比方，2020年3月初，杭州郊县的一个菜市场的竹笋价格是每斤60元，而到了3月底，湖南资兴县的竹笋价格只需要每斤2元，这个价格差距就证明农产品价格对等程度和工业产品有很大差别，比如汽车就不可能存在"城乡"的严重价格差。不过，这并不是说不该涉足农产品，而是恰恰证明农产品行业在下沉市场有着未知的增长空间。我们有理由相信在加强产品包装、养生宣传之后，让外表更加干净、附加了饮食健康标签的竹笋从2元上涨到10元，这个上涨程度才是预估市场规模的正确视点。

当然，有些人会担心，下沉用户消费能力有限，不可能像一二线城市那样有较大的提升空间。但实际情况却是，我们不妨大胆地预测，下沉市场的收入会随着时间的推移增长，而作出这种判断的重要依据就是最近几年部分年轻人从北上广深回流到自己的家乡，这些人才的回归势必会整体拉动下沉市场的消费能力增长。另外还有一组数据可以证明：2019年一二线城市的汽车销售占比为47%，而三线城市及以下的销售占比为53%，这些数据足以证明下沉市场的增速和购买力是持续上升的。

其次，在初步认识下沉市场的现状以后，要总结出关于它的某些特征。

一是消费需求存在同质化，也就是无论一二线城市还是三四线城市，整体的消费内容其实大同小异，区别主要是在品牌认知方面，即小县城的人可能也爱喝奶茶，但他们喝的可能只是地方出品的"杂牌"奶茶而已；二是传播方式的差异化，比较典型的是快手和拼多多这些在一二线城市不太"受待见"的平台在下沉市场受欢迎程度很高，这也决定了线上传播手段要进行调整；三是信息的不对称化正在消除，即三四线城市的消费者完全可以通过互联网去了解一二线城市的消费生活，并不存在信息壁垒的情况。

最后，在总结下沉市场的几大特征以后，思考的核心点就是如何构想获客战略。

显而易见，资本力量也在关注下沉市场，他们有意图去抢占这片蓝海，但不必就此惊慌失措，因为资本常年关注的还是一二线市场，在面对三四线城市甚至小城镇时并没有积累相关经验，也就没有必胜的把握，因此在获客手段上大家基本上都在同一起跑线。当然，一些互联网公司开始找到了切入的诀窍，比如拼多多，依托超低价格和熟人营销的方式逐渐站稳了脚跟，还有精心打磨内容、创意新玩法的趣头条等。这也从侧面说明了，想要征服下沉用户，并不能把一二线城市的那套玩法移植过来，因为消费者的信息差没有那么大。从这个角度出发，构想获客战略，就要放低姿态，从那些之前可能被认为"土味""不够时尚"的打法中寻求灵感，反而会收获奇效，毕竟下沉用户有其自身的特点。当然，关于这个话题我们要在后续的内容中逐步展开，这里只是提醒大家要重视起差异化的获客策略。

尽管抢占下沉市场的战役已经打响，但在入场前还是好好规划好自身的战略布局才行，盲目入场大概率会遭到现实的毒打。毕竟在这片新蓝海中，真正称得上高手的竞争者并不多，不要急于一时，而应该在有一定程度的了解后再出手，先在战略上统一认识，然后在战术上想出对策，才能将这块被无数双眼睛盯上的肥肉稳稳地攥在手中。

第二章 CHAPTER TWO

中国到底有几个市场

1 → 地域是面，层级是线

下沉市场的人口占据中国人口的90%以上，这些地区或者开放或者封闭，或者富有或者贫困，虽然地域之间存在着较大的差距，但是从商业营销的角度看，它们的潜力都值得去挖掘。所以，在进驻下沉市场之前，我们必须重新构建认识，了解这些城市、县城乃至乡镇正在发生翻天覆地的变化。

如果以地域为面去观察，我们可以发现一个事实，那就是城乡信息差距正在逐步缩小。2017年，58同城正式推出了"58同镇"以后，专注于做农村业务，成为当年主打下沉市场的知名业务，目的就是为了缩小城乡差别，让农村居民通过使用智能手机享受到各种各样的本地化服务。因此，在地域这个面上，无论城市、城镇的规模大小，都在从上到下地进行一场变革，即便是落后地区也在进行跨越式的发展。

那么，在中国广袤的土地上，到底有多少地区值得我们去探索和开发呢？要回答这个问题，我们就要弄清中国当下的地理环境、产业发展差异以及区域经济社会发展的基本情况。

首先，未来中国人口的数量差距将会进一步扩大，预计目前到2040年，南、北常住人口年均增量分别为-76.7万人和-301.5万人。如果将中国分为东部、中部、西部和东北部来看，到2040年，常住人口年均增量分别为41.8万人、-105.8万人、-175.3万人、-138.9万人。人口数量的负增长基本上成为不可避免的事实，不过在人口总基数的加持下并不会表现太显著，这也意味着对商业行为暂时没有致命性的影响，暂且不去讨论。

其次，人口流动的区域将会出现显著差异，造成这个现象的主要原因是受到地理环境、产业发展差异以及区域经济社会发展的不平衡等。中国从2014年开始，北方人均GDP低于南方，且营商环境相对较差，新动能培育缓慢，产业转型艰难，单从这个角度看，南方的下沉市场具备更强的可塑性。

再次，未来形成的都市圈城市群会对下沉市场产生客观推动力。从表面上看，人口流向大城市会降低下沉市场的消费能力，然而在辐射效应的影响下，周边地区还是会受到一些正向的刺激作用。根据专家预测，中国未来人口仍然会继续向大城市所在的都市圈城市群慢慢集聚，其中长三角、珠三角人口的年均增量总计可能会超过百万。这样一来，几个都市圈附近的地区作为下沉市场的预备梯队就形成了天然优势。

最后，未来二线城市、城镇人口增量将遥遥领先。未来新增的城镇人口中，将会有超过80%来自37个都市圈，即上海、重庆、广州、杭州、合肥这五个都市圈，增长人口分别为49.0万人、33.9万人、30.7万人、29.1万人、28.9万人；而中原、长三角年均城镇的人口增量将超过百万，肩负起创造人口红利的重担，这些城镇化速度也将加快，生活在这里的居民将在收入水平提升的同时更新消费观念，是下沉市场最理想的切入点。

截至2021年，中国有336个地级及以上的城市，分布于不同地域，在每个面上都呈现出不同的发展特征，存在共性也存在差异性。自然地，想要主攻哪个方向就要研究该方向的城市、乡镇的发展变化情况，只有掌握了这一整面的关键特征才能选择最适宜的产业方向切入，向市场推出最具有竞争力的产品。

在简要概述地域层面的基本特征之后，我们接下来就要考虑，如何在这广大的面中建立众多清晰的条线，帮助我们拓展新市场，这就离不开渠道建设。

有一个不能被忽视的事实，那就是中国绝大多数人已经解决温饱问题，地域之间的差异正在逐步缩小。但是相比于一二线城市的下沉市场，无论是在产品的质量上还是服务商都依然落后，最突出的就是到了小县城和乡镇之后，基本上很难看到大型的超商，至于盒马鲜生、苏鲜生等基于互联网背景诞生的新业态更是看不到；相反，能够被人看到的还是那种带有怀旧感的食杂店、夫妻店。一个小小的便民超市就能承担一个小山村的村民日常购物需求，而那些一二线城市看不到的杂牌货、仿制品都能在下沉市场看到。从这个角度看，我们发现消费已经被分出了层级，这个层级就是依托在地域差异之外的另一种差异，也意味着下沉市场的居民并没有真正被满足消费需求，而解决这个问题的最直接手段就是通过商家的渠道开拓为消费者提供更丰富、更有质量保证的产品和服务。

以娃哈哈为代表的联销体模式，解决了层级不同的困境，其核心思想是捆绑经销商利益进行渠道和市场的开发，它的渠道结构是：总部—省级公司—特约一级批发商—特约二级（二级）批发商—三级批发商—终端—消费者。概括起来就是，哇哈哈最长的渠道级数是四级，最短的也要三级才能到达消费者手中。看似不能理解，但这是因为哇哈哈的联销体获取了三四线城市的渠道红利，实现了市场的控制和扩张，也就是让渠道商在拓展下沉市场时拿走了让他们认可的利益分成，才有动力去深耕市场。反观那些劣质产品在乡镇大行其道，主要还是因为低成本拉高了利润空间。如果正牌产品给渠道商让出利润，必然对"杂牌"造成致命的冲击。同样采取这种策略的还有加多宝，它牢牢掌控了下沉市场的销售终端，将红利能收尽收，所以才从不同的层级线条中源源不断地吸取利润。

归根结底，在不同层级的条线上巩固好营销阵地，需要进行降维打击，也就是不能在同一层面去竞争，而是站在更高的层面去比拼。简单地说，就是哇哈哈不要想着在下沉市场去打农夫山泉，而是主攻没有品牌优势的地方产品甚至是杂牌产品，这样才能打得对方毫无招架之力。要用一二线城市的品牌凝聚力来快速争取本地消费者的认可，这样才能以最小的代价切割下沉市场的份额，产生裂变扩散的发展态势。

地域是面，决定了我们要根据不同地区的发展状况决定行业与产品的切入点，层级是线，决定了我们如何在不同维度去捕获消费者并超越竞品，两手都要抓，在一横一纵之间找到稳赢的资本。尽管这条路并不好走，但我们有理由相信，那些由一条条道路连接而成的小县城，那些由一个个小镇居民构建的新生活圈子，在表达出与一二线城市相近的消费诉求的同时，也为人们呈现出一个充满勃勃生机与活力的新蓝海，借助移动互联网的力量就能将这片蓝海蕴藏的能量发挥到极致，让更多愿意追梦的人奔赴到这里来实现宏远的目标。

2 → 双管齐下：战略全景图+细分市场

在下沉市场成为一个被大谈特谈的商业概念之后，有些准备杀进这块战场的商家却产生了疑问：如果这里也变成了红海，那么依靠下沉市场来拉动增长的秘诀还依然有效吗？从客观上看，之前深耕于一二线城市的商家在品尝到进入下沉市场的甜头以后，势必会增加继续扩张的力度，所以做下沉式营销的战略也将成为常态。

既然想要进入这块市场的参与者越来越多，那么只有在同步抓好战略战术的前提下才有可能最后胜出。那么，关于"下沉市场"的战略全景图应该如何去描绘呢？最核心的也是最重要的一条，就是不要盲目地下沉，以免最后快要淹死了仍然不知所措，要从基本概念上入手。

最常见的误区是，错误地把一二线城市以外的所有地区都当成是下沉市场。我们之前也分析过，下沉市场的跨度很大，从边缘化的二线城市到广大的农村乡镇地区，这其中的差距是显而易见的，如果单纯地把中国分为几个市场，然后按照不同层级各自拿出一套营销方案，这显然是简单粗暴的打法，营销的成果不会太好。正如我们前面所说，每个地区都有其各自的特点，所谓的战略全景图是认真标注好不同区域的特征而非总结出若干条经验就万事大吉。

打个比方，同样都是一线城市，北京和深圳的年轻人在精神气质方面都有很大差异，比如深圳的对外包容性，比如北京自带的历史文化感，对于一个工作生活多年的人来说都会产生不同的熏陶结果。因此，下沉市场的战略全景图需要从地域经济发展、地方文化、人口结构等多方面入手，这样才称得上是"全景"，否则就是一张充满误导性的废纸。

在全景图中，我们需要认清一个事实：到底人们愿意在何种情境下消费呢？只有搞清这个问题的答案，我们才能具备细分市场的实践意义，因为这是消费心理的入口。

第一，关系绑定。

下沉市场是熟人社会，所以人们在购买某件产品或者服务时，往往会基于熟人的推荐，而这些熟人就和他们的消费关系产生了绑定，比较典型的是女性在姐妹群中分享购买化妆品的资讯、男性在群聊中谈论购买电子产品的经验、老年人在同辈人中聊营养保健品，所以下沉市场的获客战略就是抓住熟人，通过熟人以点带面地在一个社交圈子中进行用户裂变，培养长期稳定的客户群体。

第二，休闲娱乐。

下沉用户普遍生活压力较小，他们会有相对充裕的时间进行消费,这种"有闲消费"就成为下沉用户的刚性消费,所以深耕泛娱乐领域的消费就值得投入,比如线上的游戏、短视频、阅读等,线下的游乐城、美容院等,如果你发现自己的产品和服务并不适合消磨时光的话,就需要及时调整产品策略了。

在描绘了战略全景图之后,我们接下来就要关注一下细分市场,为了不让内容空洞,我们挑出具有代表性的一个群体,那就是隐藏在下沉市场中的"新中产"。

或许有人认为"中产"这个词和下沉市场没有关系,只应该存在于一二线城市中,其实不然,在很多三四线城市中完全有其诞生的土壤,他们的画像是:大多数来自三四线城市,单看收入并不显著,但他们的消费支出远低于一二线城市,大多有自有住房,所以住房消费占比低,结果就是手中可支配的收入相当可观。

那么,如何经营下沉市场中的"新中产"呢?首先我们要弄清楚这部分人群虽然消费能力不低,但在战略全景图中依然符合群体画像的特征,也就是关注产品的性价比,对品牌的认知度较为模糊等,同样,他们的消费偏好会聚焦在休闲娱乐上,也十分愿意接受熟人的推荐。既然如此,我们就可以制定出具有针对性的下沉营销策略。

第一,推出具有性价比同时品牌形象好的产品和服务。

单纯地向"新中产"推荐便宜货肯定是不明智的,虽然他们对价格依然敏感,但也渴望通过消费来体现自身的个性追求,比如江小白这种价格不高又带有话题感的品牌就非常适合,作为白酒它无法和茅台、五粮液比肩,但其自带的知名度和讨论价值并不输给对方，这就刚好符合"新中产"的消费心理和消费能力。

第二，提高平台的架构能力和服务质量。

如果你不打算做具体的产品而是做平台的话，那么就恰好可以解决"新中产"当下存在的一个痛点：具备了追赶一二线城市的消费能力却得不到匹配的服务。简言之，下沉市场的消费环境和服务质量无法满足"新中产"的现实需求，因为他们已经向一线城市看齐，学会了做理性消费的计算题，购买产品更看重平台的售后和服务价值，而不会专注于即时满足。基于这一特点，在下沉市场做好与售后相关联的服务内容，会极大地提升"新中产"的消费体验感，增强其黏着性。

除了"新中产"这个细分市场，下沉市场中还有"银发一族"这个群体不容忽略，他们被认为是新兴的消费力量，群体画像是居住在三四线及以下城市，初步了解和掌握了上网、智能手机操作的老年人群，因为多年的工作积累有可观的积蓄，对新生事物有愿意尝试的念头和消费的热情。随着时代的发展，"银发一族"的消费需求会得到进一步的释放。

在营销策略上，"银发一族"和"新中产"大同小异，他们都具备了战略全景图中描述的部分特征，只不过"银发一族"的线上消费半径较短，他们最熟悉的往往是社群营销模式和拼多多这类网购平台，不过从传播模式上看，他们对抖音、快手之类的短视频平台并不陌生，针对他们的线上营销也具备了一定的触达率。

总之，无论是年轻的"新中产"还是年老的"银发一族"，他们都是推动下沉市场下一阶段增长的核心，谁能对这两大目标展开渗透性强的产品策略，谁就能获得最大的产品和服务覆盖。

　　下沉市场的确拥有待开发的潜力和价值，也是在一二线城市鏖战不利后的必然选择，但不能将下沉市场当成是救命稻草，更不能在自身存在经营策略问题、对下沉营销认识不足等前提下贸然入场，由此造成的结果可能会更为惨烈。在你的脑海中，始终要有一张格局高远、视角广大的战略全景图，而在这张全景图之外还有一本内容翔实的作战手册，那里面才是你要攻占的市场。

3 → 奢侈品的参与感：LV和买菜大妈

在后疫情时代，中国已经成为世界奢侈品市场的重要阵地。无论是路易威登还是迪奥，各大奢侈品牌都在近几年增加了对国内市场的营销投入，开店的速度不断加快，而在这一次浪潮中，线下的购物中心和百货商店发挥了不可或缺的作用。不过，奢侈品牌并不是只将目光锁定在消费能力较高的一二线城市，下沉市场也成为它们的新拓展方向。

从表面上看，这种商业策略似乎不太"合乎常理"，因为无论是从收入还是对品牌认知度等角度看，下沉市场和奢侈品的关系就像是买菜大妈挎着LV的包一样十分违和，不过当我们静下心认真分析过后，就会发现这背后的原因。

在《2020中国消费者调查报告》中诞生了一种"年轻购物达人"的分类，这类人群是居住在生活成本更低的非一线城市（主要分布于三四线城市或者边缘的二线城市），他们很容易被社交媒体上的潮流事物所吸引，加上生活压力较小，他们拥有更多自主的消费资金和消费时间，可以看成是新兴的中产阶层或者类中产阶层。

根据2017年国家统计局的报告，人均年可支配收入超过12 899元就具备成为中等收入阶层的条件，由此看来，除去北上广深和沿海各省之外，国内的四川、湖南、河南、河北和山西等五省位于内陆省份的前五名，这些省份消费潜力巨大，很多非一二线城市在虹吸效应的影响下，其收入不断增长，消费能力逼近一二线城市，所以才成为了各大奢侈品牌瞄准的新目标。

根据波士顿咨询2020年发布的《时尚与奢侈品行业：疫情后中国市场展望》报告，全球时尚产业2020年的跌幅在29%～37%，而中国市场不仅可以追平其中的损失，甚至大有逆势增长的可能。事实证明这个推测是正确的，2021年中国奢侈品消费达4 710亿元，同比大增36%，中国有望在2025年成为全球最大的奢侈品市场。基于这一现实情况，各大奢侈品将中国的线下实体商业看成是销售阵地，但在一二线城市的增速毕竟有限，而下一个新增市场必然是在下沉市场。

在前文中我们分析过，下沉用户虽然品牌意识相对一二线城市较弱，但这是一个消费意识和消费习惯的问题，并非他们完全不懂，因为互联网的存在弥补了大城市和小县城的信息差，另外在直播带货的推动下，很多三四线城市的用户对轻奢品确实产生了消费热情。在多种原因的作用下，奢侈品的用户结构也将发生变化，未来很可能会从金字塔型向橄榄型转变，在这个过程中，低端的山寨商品将被中端品牌所取代，而消费人群也将从18~24岁青年人转变成24岁以上人群。

种种迹象表明，下沉市场的消费观正在日趋成熟。国内著名的海外购物平台"洋码头"，果断地将下一步的战略目标放在了三四线城市的中产阶层消费群，在未来的几年内向中西部地区持续扩张，目标是在100个地级市开设1 000家旗舰店及体验店。

那么，奢侈品牌如何打动下沉用户呢？主要可以从两方面入手：

第一，增强品牌体验感。

众所周知，奢侈品和轻奢品依赖的是体验感，特别是对于品牌认知度不高的下沉用户，他们有可能听说一个奢侈品牌，但实际使用或者接触的经验几乎为零，这些是线上营销无法达成的目标，必须借助线下渠道才能实现，而对线下消费场景的依赖又是下沉用户的消费习惯之一，所以引导他们到店体验要容易很多。因此在下沉市场推广奢侈品牌，首先要做的就是将产品展示的功能最大化，提升品牌在消费者心目中的认知度。

第二，提升线下获客率。

在流量为王的时代，线上营销成本越来越高，与其投入大量资本在线上，不如将更多的资金用于线下投入，而奢侈品牌本身就有建立线下"存在感"的刚需，道理很简单，一个享誉全球的奢侈品牌只能在线上购买，明显会降低一个档次。从另一个角度看，线下营销更容易精准捕获用户，因为有经验的销售人员完全可以通过观察顾客的穿着举止来判断其是否是潜在客户，而在线上就要困难许多，这对于奢侈品的营销是非常重要的。

当然，和一二线城市相比，奢侈品在下沉市场的推广也具有一些天然优势。

第一，优势地段的集中性。

在大城市，商圈往往会有若干个，所以想要增强曝光度，门店只开一家就会显得力度不够，很难覆盖到全部人群，但是在下沉市场则不同，商圈数量少，优势地段集中，有些城市选择一处即可打造标杆形象，能够大幅度节省店面成本。依据这一特点，奢侈品牌可以轻而易举地在下沉市场获得精准的流量入口，无论是选品还是会员统计都易于操作，而且优势地段集中化带来的结果就是用户对线下消费场景的依赖性会加强。

第二，场景营销的强化性。

生活在一二线城市的消费者，对各类线下营销场景可谓"见多识广"，在客观上降低了营销敏感度，简单说就是一般的营销手段很难打动他们，但是下沉用户则不同，他们对奢侈品牌的认知往往只停留在"听说过而已"的层面，那么当他们进入到被精心营造的消费场景中，被打动的可能就要高于一二线城市的消费者。根据这一特点，奢侈品牌可以通过高大上的装修风格、西式下午茶的生活方式以及奢侈品鉴定、售后保养等高端服务，营造出一种基于现实场景的消费体验环境，对到店的顾客产生强大的吸引力。

目前各大奢侈品牌的战略就是在一线城市树立形象，而在三四线城市深耕市场。当然这种扩张不是盲目的，它们在决定进入某一个地区之前会进行细致的调研，主要集中在当地居民的收入水平、对时尚的理解程度和对自家品牌的认知度等，确保开店的成功率。

当然，重中之重的方向还是加强品牌资产的投资，通过具有创意性的本地营销活动，提升品牌和国内下沉市场的相关性，这样才能打造出既有高端属性又能接地气的品牌内涵，从而牢牢地将下沉市场的增量收入囊中。

4 → 群体画像三部曲：白描、上色、裱糊

最近几年，各大企业和网络平台对一二线城市的用户流量收割战打得不可开交，虽然有胜出者，有幸运儿，但有一个客观事实大家都不得不承认，那就是流量红利已经消失殆尽，曾经熟悉的用户群体已经不具备疯狂收割的可能了，而占据人口基数优势的下沉市场才是新的出路。由此诞生一个新问题，那就是如何给这些并不熟悉的用户画像，在了解其特有的消费心理之后，才能制定出具有针对性的营销策略，从而将他们的口袋中的资金变为自己的收入。

第一，共性特征。

从人口总数来看，下沉用户男女比例相差不大，女性略高，未成年人使用手机占比偏高；从地区分布来看，基本上集中在河南、广东、山东等人口大省；从学历收入来看，高中及以下学历占比接近40%，主流人群月收入基本上不超过5 000元；从兴趣偏好上

看，他们更看重子女教育、生活服务，业余时间多是玩游戏和看视频；从消费倾向来看，他们看中性价比高的产品，在此基础上注重跟随潮流；从传播力度来看，他们的分享成本较低，对熟人介绍的商品信息接受程度较高，具有家族式传播的特点。

共性特征是基于下沉市场的总体状况总结出来的，具有概括性，但具体到不同的地区还会存在差别，例如三线城市不可能和小县城有完全相同的用户画像，但彼此的共性在理论上要多于和一二线城市存在的共性。

第二，具体特征。

如果把视角聚焦在20多岁到30多岁这一群体可以发现，他们基本上过着早八晚五的生活，收入虽然不多但是工作压力不大，已婚有孩子的闲暇时间都用来陪伴和教育孩子，不过受制于学历水平往往无法独自承担教育子女的责任。如果是小县城或者乡镇地区，往往还有几代同堂的居住特征，所以他们中的大部分会跟着家中老人和未成年孩子的作息习惯，即不会睡得太晚，通常晚上10点左右休息，没有什么夜生活习惯，如果有闲暇时间，他们会倾向于带着家人出去旅游。

如果把视角聚焦在40多岁到50多岁这一群体可以发现，他们空闲时间更多，渴望在业余时间充实自己，如果是乡镇地区的用户在农忙的时候在家务农，农闲时间会外出打工，其中部分人会把大部分的时间用在带孩子、做家务上面，一少部分人会去锻炼身体。需要注意的是，这部分群体虽然接触互联网比较晚，但并不意味着他们不懂基本的上网操作，一些简单的线上购物他们也能熟练掌握，具备了基本的互联网营销基础。

具体特征是根据不同的年龄段进行的剖析，仍然存在着一定的概括性，在不同层次的地区会有些许差别，因此在制定具体的营销策略时还需要具体问题具体分析。

如果说对下沉用户简单画像是"白描"的话，那么挖掘其营销特征就是"上色"了，具体可以从以下四个方面入手：

第一，熟人社会。

由于下沉市场的人群聚集规模更小，导致其"市民社会"的属性不够发达，呈现出越往下熟人社会的氛围感就越浓厚的特征，这就使得下沉市场在信息传播方面存在着较强的口碑效应，即口口相传，不是简单的网络传播，因此一旦某品牌具有了较为正面的社会形象，用户裂变和分销就会变得轻而易举，反之出现负面新闻，其破坏力度也十分强大，想要进行危机公关就变得异常麻烦，因为口碑传播更依托于线下的社会交往。所以，能否正确运用口碑效应，就成为新品牌能否顺利打入下沉市场的关键。

第二，闲暇时间充裕。

闲暇时间多意味着时间的机会成本低，简单说就是一二线城市的用户时间宝贵，不会在一个产品上耗费过多的时间，比如朋友圈的大量投票和集赞行为，但对于下沉用户来说，时间没有那么值钱，他们可以为了人际交往和自身利益的需求而多花费一些时间，这就意味着商家可以放心大胆地去搞一些推广活动，而不必担心消费者的参与热情。需要注意的是，下沉市场中年轻人的占比不如一二线城市那样密集，对于30多岁到50多岁的用户来说，通过社群营销的方式更能打开缺口，比如家族群、同学群、居民群等，大家都有充分的时间关注群里的信息，这就为线上的推广活动创造了更多机会。

第三，价格相对敏感。

下沉用户从整体上收入低于一二线城市，当然这是从宏观角度来看，对于三线城市或者被边缘化的二线城市来说并不适用，对于个别的高收入群体也不计在内。根据这个总体特征，下沉市场主打性价比是成功率较高的做法，但存在一定的保守性，因为随着时代的发展，社会大众消费升级的观念也正在从一二线城市向下渗透，所以主打性价比策略没问题，但同步提升消费观念才是王道，否则将陷入到与同行的价格大战中，不利于在未来进行用户深耕。

第四，审美差异。

一二线城市和下沉用户审美存在着一定差异，当然这个差异并非是一种歧视，正如拼多多、快手等平台在下沉市场更有欢迎度一样，它只是一个在不同文化、教育背景下的偏好而已，本身不存在优劣之分，所以一二线城市的爆品直接搬到下沉市场就可能没人买账，而是要基于下沉用户审美情趣制定正确的产品策略。当然，这和主打性价比的策略一样，是一种保守做法，如果想要深挖用户潜在价值，也要同步进行引导，比如推广奢侈品、轻奢品给下沉用户，促使他们的审美偏好发生变化。

在"白描"和"上色"了下沉用户之后，我们最后"裱糊"一下结论：只有在了解下沉用户喜欢什么、能快速接受何种营销模式以后，才能在他们心目中留下深刻的印象。当年史玉柱在三四线城市和潜在用户聊天时，通过观察用户的行为才构想出了脑白金的广告策划。因此，商家不要只考虑去薅下沉用户的"羊毛"，而是要先放下逐利的心态去面对面地了解用户，这样才能让用数据堆砌成的画像"活"起来，从而具备营销的生命力。

5 → 社区推广：点对点的下沉打法

下沉市场从人口体量上看，是高于一二线城市的，但在具体的下沉策略制定上，不能笼统地将下沉用户无差别化，而是要实施"点对点"的"精准打击"。换句话说，就是在特定的场景中找到特定的用户，通过一个精准用户的筛选来捕获其他用户。

我们知道，下沉用户的线下属性要高于一二线城市用户，因为他们有更多的时间和交通条件进行线下社交和购物，而抓取他们的最理想场所就是社区，因为社区是商家和用户沟通的最短渠道，成本低、效率高、方便线上和线下同步抓取，而且黏着度也高。最关键的是，社区本身具有用户定位的功能，一旦捕获某个高价值用户，就可能实现超出预期的用户裂变。

第一，通过用户去挽留用户。

如果商家只是通过用户群来留存用户是不够的，因为毕竟是建立在线上关系的基础上，远不如线下关系那样牢靠，这也是让很多商家头疼的地方，他们通过线下获客要到了用户的联系方式，但流失率很高，往往是微信刚添加不久就被删除了，再就是打电话不接……而如果线下有联系渠道，那就可以无限追踪过去。所以，只要商家掌握了几个拥有广博人脉的顾客，就能通过他们的线下人脉留住用户、引进新用户。

第二，快速传递口碑。

虽然从理论上讲，线上的社交传递口碑更快，但这里有一个问题，那就是客户是否愿意为你传播，而受众是否能够相信，这都要视具体情况来定，但是有着线下关系的社区就不同了，大家至少是点头之交，有的还比较熟识，存在利益往来，甚至有的小区存在时间较长，而这样的社区内的成员就有更紧密的社交联系，所以传播口碑的障碍会很小。相比之下，如果某个社区刚建立或者租房户较多，社区成员的关系就会陌生许多，就不利于线上传播。

第三，顺应时代变化。

在互联网刚兴起的时候，几乎人人都有一些网友，因为那时候人们对互联网充满了好奇，但是随着网络普及速度加快，这种现象反而有了衰退的迹象，这或许和线上社交的目的性变得更复杂了有关：打着交友的旗号卖东西，打着交友的旗号引流，打着交友的旗号营销……所以从吃红利的角度看，用户的消费习惯更倾向于熟人推荐和社交转化，这些都符合下沉市场的特点，是一种适应性的营销策略。

试想一下，当你忙碌了一天下班之后，在小区看到了发传单的人，递给你的宣传单页上写着"某平台代买菜，10分钟送到家，0元配送"你会不会怦然心动呢？这可不是假设，现在很多互联网营销都开始了这种新模式，特别是线下生鲜水果超市，在外卖行业兴起之后也同步改变了思路，而它就可以当作打开下沉市场的样板。

开启攻占下沉市场的战略思维，就不要"唯线上论"或者"唯线下论"，而是要把线上和线下的优点相结合，屏蔽掉彼此的缺点，具体可以参考五种战术原则：

第一，在居委会建立"桥头堡"。

三四线城市和广大小县城的社区居民委员会是重要的入口，这里的工作人员接触社区的居民最多，了解的情况也最多，那么商家要首先取得他们的信任，利用自身的资源为居委会办几件切实的好事，同时说明自己的产品和服务是方便社区居民的生活，能够分担居委会的部分工作，总之，多走动，多沟通，多展示自身优点，这个阵地并不难攻破，只要获得居委会的信任，就在下沉市场拥有了一块稳定的阵地。

第二，社区内硬广传播。

如果居委会和物业不加阻碍，那么借助社区的公共宣传栏张贴广告也是不错的选择，虽然方式老套，但其转化能力更强，因为做到社区推广这一步，客户画像已经非常清晰了，是针对年轻女性还是空巢老人，是针对上班一族还是家庭主妇，这些都能通过社区获得比较准确的信息，所以广告效应会非常明显。

第三，社区周边活动推广。

如果居委会或者物业并不支持你的宣传活动，或者你想再加一道保险，那么不妨在社区附近搞宣传活动，面向社区群众提供产品使用体验，当然成本要相对高昂一些，不过变现效率也比在网上要理想，这就要看你的选择了。宣传活动不仅是路演这一类的，也可以搞产品宣传讲座，当然这一类主要针对老年人，但这并不代表该产品只能出售给老人，可以把话题转移到"关爱子女""关爱第三代"上，就能通过老年用户在家庭内部传播了。

第四，主动上门营销。

这是一种非常老套的办法，如果是一二线城市肯定行不通，因为人口密度太大、城区广阔，但如果是体量小的三四线城市或者小县城就具备了可操作性，对于那些质量过硬的产品来说依然有尝试的价值，特别是在有了居委会、物业等方面的肯定之后，推广工作的阻力会降到最低，那么下一步就是找准几户居民当作突破口，建议不要广泛撒网，集中力量拿下第一笔单子，然后通过给第一位客户各种优惠政策，让对方帮助宣传，借助社区营销特有的优势，形成链式传播。

第五，回归线上。

在前期推广工作取得了一定的进展以后，这时候再把用户聚集到你建立的专属用户群中，提供大家交流经验的机会，借助从线下捕获的客户资源抓取他们的线上人脉资源，把社区人脉作为核心，延伸出"人脉的人脉"，演变为"泛社区"的灵活营销模式，真正发挥线上和线下营销的最大优势。当然，为了更好地实施LBS（基于位置的服务，Location Based Services），"人脉的人脉"也要尽量集中在几个社区里，便于展开集群式的营销和售后。如果新客户过于分散，就要慎重考虑了。

　　社区推广看似是一种进度慢、成本高的营销方式，但在区域小、人口流动率低的下沉市场，往往具有了一劳永逸的操作效果，毕竟线上的引流存在更多的未知和风险。可以预见，未来下沉市场的攻坚战，会形成一种"走出去"的营销方式，脱离网线的束缚，以现实世界的区块为根据地开辟出一片新市场。

第三章

CHAPTER THREE

革新，始于战略思维

1 → 守住通往罗马最近的那条道

如今下沉市场随着社会经济的发展已经呈现出一种新面貌，这个新面貌就是在城市化之后发生了"逆城市化"，随着各地区基础设施的不断完善，北上广深等一线城市的生活压力让年轻人不堪重负，加之远程办公已成为一种可能，以长三角为代表的经济区域出现了越来越多的年轻人回归乡镇的情况。那么在新形势下，如何以最高效的方式占领这块市场就成为能否获取高额利润的关键。

人们常说条条大道通罗马，谁能守住通往罗马最近的那条路，谁就掌控了竞争优势。那么问题来了，这条捷径到底在哪里呢？

国内有专门关注以"55后"和"60后"为代表的老年人的需求和消费行为变化的投资机构，根据多年的研究结果发现，中老年人群对线下消费场景有着更高的信任度，同时也十分看重服务和体验。

2021年5月11日，第七次全国人口普查结果显示：中国60岁及以上人口为26 402万人，占总人口的18.70%，其中，65岁及以上人口为19 064万人，占13.50%。随着社会老龄化的日益加重，中国的老年人越来越多，所占人口比例也越来越高，这是下沉市场中不可忽视的组成部分。

在移动支付领域，各大平台对老年用户的关注度与日俱增，尤其是在微信红包诞生之后，开启了一场以移动支付为基础的支付数字化转型，在这股发展变化的浪潮中，"社交+支付"的发展模式开始渗透到各个年龄段之中，成为越来越多下沉用户的生活常态，在这一点上三四线城市用户并不输给一二线城市。自然，在年轻人作为新技术的尝鲜者和受益者之后，有钱有闲的老年用户群体也成为了移动支付发展的突破口。

移动支付关联着其他商业行为，当老年用户群体掌握了简单快捷的支付手段之后，会直接带动他们消费的热情，因为移动支付覆盖了衣食住行多个生活场景，让老年用户的生活变得多姿多彩，这种简单的操作方式和交互逻辑也降低了学习门槛。另外，很多老年用户群体为了方便与子女沟通，也会积极主动地学习使用智能手机和互联网，这对于商家的线上营销是非常有利的，是捕获潜在客户的最佳入口。

那么，针对老年用户群体有哪些实用的商业策略呢？其实跟老年群体接触多的人都可能有这样的体会：逢年过节的时候，会被七大姑八大姨围攻着下载趣头条、注册拼多多，原因是注册这些平台给奖励和红包，还能砍价……诸如此类，在老年用户群体中深受欢迎，虽然在年轻人眼中，奖励不过是块八毛的微小收获，但对于下沉市场的老年用户群体却产生了占便宜的心理，他们也乐于成为传播者。因此，捕获老年用户群体的最好办法就是建立流量获取激励制度。

下沉用户很容易会被小额现金激励所动摇，因此直接把钱给用户远比做广告更有效果。比如，趣头条的用户激励就分为新用户推荐激励和特定任务激励两种，每推荐一个新用户的现金激励通常在3～8元，用户每分钟观看内容获得的现金激励大概是0.002～0.006元。这个金额对一二线城市的用户缺少吸引力，但是对下沉市场的中老年用户还是足够强大的。

当然，有人会担心这种投入会打水漂，其实这种商业模式具有天然的网络效应，一旦客户规模达到一个临界点以后，其生态价值就会呈现指数级的提升，也就是产生"一传十，十传百"的传播效应，让商家在市场中斩获越来越多的用户群体。

下沉市场的老年用户群体，他们的消费需求在某种程度上是被压抑和忽视的，因为相比于一二线城市，下沉市场为消费者提供的产品和服务整体上依然比较落后，而老年用户群体在年轻时又处于商品经济不够发达的时代，既无钱消费，也无物可买，当他们拥有了足够的积蓄以后，这股消费的热情就会被充分释放出来，特别是移动互联网所带来的刺激作用，会进一步扩大他们的消费需求范围。

人们之所以忽视"捷径"，是因为捷径总不像大道那样平坦光明，甚至会被认为是偏僻小路，正如"下沉市场"这个名字一样，容易让人带着一种偏见去观察一二线城市以外的市场，导致很多商家忽视了老年用户群体的消费意愿和消费能力。在中国社会经济转型的背景下，下沉市场也在进行自身的迭代和升级，会衍生出很多全新的业态，或者是新的投资机会，或者是新的商业模式，而这些都能赋予参与者各种商机。

对于很多行业来说，2021年是渠道下沉的最好机会，而2022年则优势更为明显，因为制约下沉市场发展的因素越来越少，大城市和乡镇地区的信息差也逐渐缩短，承受着生活压力的年轻人也不像以前那样执迷于成为一个"城里人"，通往罗马的道路不再是一条。其实，下沉市场一直存在着红利，也存在着很多尚未被全面开发的空间，尽管有越来越多的人都拥挤在了通往罗马的道路上，但这并不意味着竞争的激烈程度增加了，只要愿意主动发掘，依然可以从众多道路中找出若干条捷径，坚持走下去就可能迎来一个爆发期。

2 → 最好的流程叫简单粗暴

巨人集团董事长史玉柱曾说："真正的最大市场是在下面，而不是在上面。"事实的确如此，中国的市场其实是金字塔形的，越往下越大。所以，占领下沉市场并非是单纯因为一二线城市没有用户可以收割了，而是下沉市场的潜在挖掘空间更大。不过，在面对这广大的、尚未被完全开发的市场时，很多参与者却不知道该如何施展正确的战略战术。

经济学家何帆认为，大趋势由小趋势演变而来，而小趋势往往来自底层社会、边缘地带以及年轻人群，其核心就是下沉市场，而征服这块市场并不需要过于复杂的战略战术，有时候简单粗暴的打法反而能够收获奇效。

理解这个观点的前提是了解下沉市场的特点，它的形态和模式决定了不能沿用一二线城市的那套策略，因为下沉市场圈子狭小，消费存在同质化和品质化并存的情况，也就是说大家使用的产品和服务比较相近，但也存在着个性化的需求。基于这种特点，攻占下沉市场更适合的策略是走简单粗暴的路线。

下沉用户对品牌认知度不高，换句话说，他们更在意产品本身，至于产品背后的文化价值是不太在意的，至少从群体画像上看是如此。所以，下沉市场的商家大多是本地品牌，大品牌下沉不是不可以，而是需要时间沉淀，加上标准化运营成本较高，所以下沉的覆盖范围十分有限。既然如此，想要快速打开下沉市场，就不必将注意力放在品牌本身，也不必绞尽脑汁地琢磨和讨好用户，而是专注于做好产品，简化营销流程，吸引用户到店消费，这样产生的营销成功率就会高很多，具体可以采取三大策略：

第一，简单粗暴的洗脑广告。

下沉用户和一二线城市的用户不同，他们对不同档次品牌的差异化认知模糊，换言之就是品牌包容度比较高，所以任何品牌的广告对他们来说从传播价值上是相近的，所以可以通过反复播放、视觉轰炸等方式对他们产生洗脑作用，在这方面最成功的就是脑白金了，虽然人们一直反感它的广告，然而其销量和知名度完全对得起投入的巨额广告费。

由于下沉用户对品牌不存在先入为主的印象，所以简单直接重复的广告就能够抢先在他们心中留下印象，这样的广告无需想象空间，甚至也可以缺少美感，只要它能够清楚地告诉用户该广告推荐的是何种品牌，销售的是何种产品和服务，其广告价值就已经实现了，因为它可以大范围地培养用户的认知，实现转化功能。

相反，如果这类广告在一二线城市投放，就会引起相当多用户的反感，强化他们对某一品牌的负面认知，因为他们对品牌的感知度更强。

或许有些商家不能完全绕过这道弯，他们总想要将广告设计得更加高大上一些，甚至还要融入一些艺术价值，但这种思路是费力不好的，没有真正了解下沉用户的心理特点。所以，想要打开市场就要多弄一些看起来很"浮躁"的东西，尽量少涉及一些"内涵"和"层次"。毕竟，广告服务于品牌营销，如果在播出后无法带动销量就失去了存在意义，因此意境不是最重要的，通俗易懂才是流量密码。

第二，重视社交裂变的变现功能。

如今在一二线城市，很多商家采用的都是大数据给用户画像的方法，即年轻用户什么样、单身用户什么样、已婚用户什么样等，这套打法理论上针对下沉市场也是可行的，却不是最佳的，因为下沉市场流行的熟人经济，你一个商家再能画像，难道还能比目标用户的亲朋好友更了如指掌吗？因此，与其费时费力地用数据去和用户连接，不如直接借助各种血缘关系和社会关系作为纽带，将熟人经济的商业价值挖掘到最大。

发挥熟人经济的优势，其实就是用老用户去裂变新用户，这可以通过分销和拼团的模式来进行，分销就是类似于微商的组织架构，但产品和服务是有保障的，并非只是赚下线的钱，可以从有声望的用户做起，借助他们的社会关系不断拓展。除此之外，拼团更像是熟人之间的平等分享，可以通过线上的各类社群，也可以通过线下的社区甚至是广场舞团队，只要前期舍得拿出一些物质刺激，会很容易推动关系裂变的速度加快。

第三，构建本地化生态。

事实上，下沉市场自身就有相对闭环的生态，因为其人员流动性比较小，多数人又是本乡本土，他们对生活环境和消费环境是高度依赖的，存在的变数很小，因此那些习惯攻占陌生人社会的大品牌反而不好发力，只能更多地依赖线上营销。但是我们知道，下沉用户对既有的产品和服务是不满足的，如果用线上营销的方式作为主攻手段，就是在与熟人经济的本质特征背道而驰。打个比方，大城市做营销不过是通过网络或者电话沟通，距离感很强，即便有到店邀请也很难让用户下定决心，毕竟交通成本较高，所以用户基本感受不到"本地化"的元素。

和一二线城市不同，下沉市场更容易打造本地化生态，商家可以通过线上初步试探，然后约到线下见面，吸引用户到店消费，代价不过是一些优惠打折的传统营销策略即可。这还是售前环节，在售后环节上，主动上门了解用户的反馈并提供售后服务，这些都可以轻而易举地打动对方，让用户感觉"产品就在身边，服务就在眼前"，这种简单直接的本地化生态能最大限度地拓展新用户，同时巩固既有市场。

当然，简单粗暴的营销方法丰富多样，不同行业、不同段位的商家可以根据自身特点选择最适合自己的那个，为了增强"杀伤力"，多线结合的方式会提高成功率，也就是组合拳的击打效果最佳。总而言之，我们可以在战略上认真谋划攻占下沉市场的策略，可一旦进入实操环节,还是要尽量采取短平快的方式迅速出招,因为越简单的流程能犯的错误就越少,即便出错,校正的成本也很低,这也一种极简主义的战略思维。

3 → 速度致胜：下沉，首先要沉得快

当"下沉市场"成为创投圈的热门词汇之后，意味着涌入进来的参与者会越来越多，那么谁能够抢占先机就成为了日后做大做强的关键了，毕竟虎视眈眈盯着这块市场的商家数不胜数，更何况如阿里、腾讯、京东、今日头条等巨头也纷纷瞄准了下沉市场，企业之间的流量争夺战已经不可避免。

但凡接触过下沉用户的人，可能都会遭遇类似的困境：一二线城市的营销方法似乎在这里行不通，而绞尽脑汁琢磨出来的接地气的方案，往往也会因为渠道等具体原因导致发力不够。于是，很多人由最初的紧急出兵变成了缓慢渗透，看似是想稳中求胜，其实是在客观上放慢了接触下沉用户的速度，只会产生新的困境。其实，兵贵神速才是营销的不二法门，有些问题不必一开始就解决，而是应该在占据了山头之后慢慢校正。下面，我们就来推荐一些快速有

效的下沉市场打法。

第一，高强度的拉新策略。

想要在下沉市场打造爆款，首先要寻找能为你创造爆款产品的人，这个人就是目标客户的身边人，也就是采用熟人拉新人的方式，这也是拼多多、趣头条等平台在下沉市场飞速拓展的关键。当然，如果你没有拼多多那种百亿补贴的"钞能力"，也可以适当推出让用户心动的拉新策略，比如限时拉好友进来砍价，可以优惠10%~20%（根据不同产品类型酌情设定），为了增强趣味性，还可以将优惠力度设定为随机的，这样愿意赌运气的用户会更多，这种拉新策略能够将社交裂变的功能发挥到最大。

第二，建立线下实体店或线下快闪地推。

纵观国内手机行业的巨头，VIVO和OPPO的成功很大程度上和实体店的建立有关，虽然网购已经成为很多人的消费习惯，但品牌形象、售后服务以及产品体验都需要在线下进行，仅仅让一个品牌停留在互联网上始终打法单一，它或许可以快速地发挥线上营销的优势，但想要真正在用户心中占据一席之地还需要时间的酝酿，这就直接影响到品牌推广的速度。所以，在下沉市场根据自身实力开设实体店，等于在阵地前沿修建了桥头堡，当然这个桥头堡并不能被动地存在，而是要发挥线下优势，定期或者不定期搞一些快闪活动，即通过线上平台宣布产品于某时间段内七折销售，疯狂吸引用户到店消费，这种不规律性的打折活动会吸引很多人参加，因为下一次召开是什么时间大家不得而知，这对于有尝鲜欲望的下沉用户中的年轻群体更有吸引力。

第三，借助头部平台巧蹭流量。

如今，一些进入下沉市场的商家参悟了"搭下沉流量的顺风车"的道理，成为很多品牌敢于下沉的动力，方法十分简单，就是借助在国内有名气的平台植入自己的品牌，比如前面提到的阿里、腾讯、拼多多等。当然不同的平台在不同的市场影响力也不一样，比如今日头条在三四线城市就影响力很大，而拼多多在乡镇地区的知名度很高，需要根据自己的下沉方向选择合适的顺风车。不过，这种方法虽然快速高效，但毕竟要受限于合作方具体给出的条件，所以还是要酌情选择。当然，除了蹭平台的流量之外，也可以借助各类活动增加曝光率，这对于小品牌来说这也是一种借力的模式。

第四，与本地的推广人员合作，培养属于自己的意见领袖。

常言道：强龙不压地头蛇。再好的营销班子也不如本地的营销团队更了解消费者，所以在进入下沉市场之初，可以通过招聘当地代理的方式进行拓展。比如深耕下沉市场多年的58同城，就是通过乡镇的站长来进行产品推广的，他们通过各种途径每天添加至少30人作为好友，同时搜集一些地方新闻和生活信息，再转发到朋友圈或者微信群，于是就诞生了大名鼎鼎的"58同镇"，这种推广方式直接触达用户，又带有乡土气息，十分接地气，能够快速地在当地消费者心中留下深刻印象。

第五，打造社区营销模式。

社区内的地推营销，对于征服下沉市场是一件利器，因为社区为目标用户能够提供重要的活动场景，人员相对密集，传播路径短，信息扩散速度快，很容易就会找到属于自己的目标用户群。比如家纺类的低频消费品，一般消费者很难去各个商家一一购买、亲身比对，但如果在社区内有专人推荐，就会省去比对的烦恼，还有熟人背书，属于将"熟人经济+社区关系"结合在一起发挥优势。有些下沉市场的经营者，会在社区附近开设一家店面，然后将社区的业主拉入微信群，一旦有产品打折就会在群里发布，购买方式是支持拼购的，这样只要线上预定就能线下取货，对于不方便的购买者还提供上门送货。当然，有人会担心业主不堪这种线上骚扰，但其实对很多"懒散"的用户而言，线上选购加上送货到家反而省去了在线下挑选的麻烦。因此，作为商家只要售价合理，再时不时地对消费者给予一些小优惠，总是能够留住大部分用户的。

第六，与地方机构跨界合作。

除了与国内知名的平台合作，与地方机构跨界合作也不失为一个明智的选择。打个比方，如果你是一个经营文具店的商家，和地方政府或者教育机构合作，就能快速地捕获到高价值的目标用户，从而带动销量的增长。当然，这需要你在前期铺垫关系，对于缺少相关人脉资源的商家来说并不合适，可以作为一种参考。

目前，关于下沉市场的分析文章越来越多，大多数都是关于用户群体画像的所谓精准报告，这对于下沉市场的参与者来说的确重要，但画像看得多了也并无太大作用，想要真正了解下沉用户，还是要从实际出发，多做面对面的沟通，不能等在办公室里寻找时机。毕竟机不可失，失不再来，与其慢慢研究下沉的方向，不如勇敢地迈出第一步，先在下沉用户的心中留下一个良好的初步印象，再去慢慢打磨日后的营销策略，可以输在体量不如人，但不要输在速度不如人。

4→ 资源少怎么玩？要集中不要分散

在战场上，集中优势兵力是常胜之道。同样在市场竞争中，集中优势资源才有机会获取利润的最大化。眼看着一众互联网巨头进入下沉市场，很多中小企业乃至个体商户都感到了前所未有的压力：论资金比不过对方雄厚，论人才没有对方广众……在这种劣势之下还有分得市场蛋糕的可能吗？答案是肯定的。

下沉市场虽然已经被各方势力视为未来的市场增量，但毕竟开发速度晚于一二线城市，所以只要找准切入点，不浪费有限的资源，还是有机会抢夺属于自己的阵地的，简言之就是大品牌有大品牌的商业策略，小商户有小商户的实用打法。从另一个角度看，集中优势资源也是趋利避害的必然要求，因为下沉用户特征不像一二线城市那样同一化，不同的区域所带来的特征截然不同，并非是每个地区都有营销的价值，因此即便没有竞争对手，集中资源攻克高价值目标也是必由之路。

下沉用户往往不需要在营销层面用力过猛，恰到好处反而能事半功倍，这是因为下沉用户不像一二线城市的用户那样"审美疲劳"，他们对营销手段不是很挑剔，选择正确路径才能正确激发购买欲望，提高转化率。

既然现实如此，中小企业和个体商户该如何集中优势资源做大事呢？

第一，根据下沉市场的特质精准投放营销内容。

下沉用户最在意的是什么？有人认为是价格，这只能说答对了一半。正如之前我们分析的那样，价格只是决定购买意愿的因素之一，能否满足其他消费需求才能决定最终成果。简单说就是要匹配到你的目标客户，这时打出低价牌才是有效果的，否则很难触发他们的购物意愿。

当然，精准匹配不是一个依靠主观能动性就能完成的事，作为资源有限的市场竞争者，可以依靠各大数据平台，在特定区域中筛选出符合画像特征的潜在用户，这种基于智能算法的策略就能准确地让你的产品和服务与目标客户的兴趣偏好牢牢绑定在一起，从而打造具有区域特色的商业策略。打个比方，你生产了一批符合小镇青年文化心理的T恤衫，那就要精准匹配到符合"小镇青年"标签的用户，市场的下沉程度就要降到小县城乃至乡镇地区，而非三四线城市的"新中产"，这种精准投放才能让你的每一分钱都花在刀刃上。

需要注意的是，匹配用户是从多个维度入手的，既有价格层面，也有内容层面，总之都要深度探测用户的特质是否与产品、服务的内容相契合，这样的匹配才是"真匹配"。还是以T恤衫为例，如果它带着鲜明的文化标签，那就不宜匹配在乡镇工作的低学历的年轻群体，因为存在着兴趣偏好和文化认同的差异，这就需要进行数据的精细化分析，才能提高营销的精准度。

第二，借助用户数量庞大的APP平台。

下沉市场并非是线下的战场，线上营销一样有用武之地。作为最后流量高地的移动互联网，非常适合资源有限的竞争者发挥作用，虽然我们强调要面对面去了解下沉用户，但这并非是唯一手段，能够借助大平台的营销方案一定要大搞特搞。当然，借助平台之力的前提是选对平台，比如针对小镇青年的快手就符合他们的文化心理，反之小红书就不太适合，在选择了正确的平台之后，将自己的产品和服务挂靠在上面进行在线推广，就能在更大的潜在用户基数上筛选出高价值目标，从而准确试探出红利市场的具体区域和层级。当然，线上营销要始终和线下相结合，之前我们提到的"微信集赞"和"到店消费"就是最好的组合方式。

选择平台，思维要足够灵活，不要局限于平台本身的属性。打个比方，你想通过短视频带货到乡镇地区，首先可能想到的是快手，认为只有快手上才藏着潜在用户，但这是一种惯性思维，因为乡镇地区的用户不仅有观看"土味视频"的偏好，还有连网的刚需，而这时候如果借助"WiFi万能钥匙"这样的平台（官方数据表示月活用户数超过8亿），同样可以捕获到具有相同特征的目标人群。当然，这里仅是举例说明，意在提醒不要让思维僵化。

第三，依托多维度的场景与用户深度绑定。

资源有限，意味着不可能广泛撒网，这就对用户的忠诚度提出了更高的要求。那么如何才能提高客户的留存率呢？站在用户的角度思考，谁的产品和服务植入的"场景感"越丰富，谁就越有市场竞争力。那么，何谓"场景感"呢？

当你在微信群发布店庆活动时，这就是一个线上营销的场景，而如果用户去线下参与店庆活动，这就是一个传统的线下营销场景，如果一次营销活动只能提供一个场景，那么对客户的吸引力就是有限的，但如果是多维度的，吸引力就会持续增强。打个比方，你发布的集赞信息让A在微信转发给了B，那么B和A就完成了一次线上社交互动，但如果活动内容是邀请好友到店有额外奖励，那么许久没见面的A和B就可能借着这次机会线下相聚，又提供了一次线下社交互动，那么A和B参与此次活动的意愿就增强了，作为商家则不必浪费营销资源在没有社交关系的C和D身上，这就是用讨巧的办法一举多得地捕获用户。

"场景感"是一个经常被忽视的概念，但其实它对提升消费者对品牌的感知度异常重要，也是利用熟人社会特质的关键切入点，依托丰富场景和优质服务的营销，更容易对用户产生潜移默化的宣传作用，可以结合用户有关工作和生活的多重需求，激发他们的消费欲望。

从宏观的视角看，其实任何市场参与者都是资源有限的，毕竟中国拥有庞大的人口基数，想要点对点营销到每一个人是不可能的，那么谁能在特定的时间和区域内一招锁定多个目标，谁就掌握了获取用户的财富密码，这需要在出手前认真筹划，也需要在出手时果断不犹豫，才有机会成为笑到最后的王者。

5 → 排兵布阵：质量比规模更重要

下沉市场如今正在逐步成为商家挖掘消费增长的"金矿"，这意味着国内消费增长的动力正在从一二线城市朝着三四线城市乃至乡镇地区转移，在这个转移的过程中，下沉市场的价值逐渐体现出来，比如人口基数大、消费时间充裕等，但作为这块新战场的参与者不要忘记，下沉市场不仅在为消费增长贡献力量，也需要得到对等的满足，才能释放出更多的消费热情。

从产品消费的角度看，下沉市场主要呈现出两大趋势：一个是消费广度的升级，即对各类消费品的需求范围增加，另一个是消费品质的升级，即对消费品的质量提出了新要求。当然，对于市场的参与者来说，第二个趋势比第一个趋势更值得研究，因为任何商家都不可能同时满足消费者对所有产品的需求，只要立足本位做好品质升级即可。

众所周知，不同市场的消费者的痛点各不相同，一二线城市的用户总是抱怨产品数量少，几乎处于一个永不满足的状态，而三四线城市的消费者则对产品质量存在不满，在三四线城市之外的县城乡镇和农村地区，对产品价格的诟病则是最大痛点。所以，本节的内容聚焦在三四线城市这个下沉市场的分支展开。

以饮品为例，目前在三四线城市广受欢迎的产品分为两类：经典产品中的康师傅冰红茶以及农夫山泉等，新生代产品中的百岁山、小茗同学等，相比之下，在一二线城市已经打响名头的东方树叶等就存在接受程度较低的问题。因此，如果你没有自主品牌，只是作为销售商存在，那么在三四线城市向用户推荐档次低于新生代产品就十分不合理，因为消费者并不想继续省钱，而是会在兼顾价格的同时注重产品的健康程度和接受程度。于是，这里就牵涉到一个认知误区：为了让消费品质升级而强行升级。

从高级营销的角度看，为消费者创造需求确实比被动满足需求段位更高，但前提是消费者具有被引导的认知基础，这在一二线城市的年轻群体中就比较容易做到，因为他们思想新潮，个性独立，有兴趣去了解一个陌生的品牌背后隐藏的故事，甚至愿意跟风追一些小众的文化概念，但这一系列心理特征在下沉用户身上就体现得不明显，即便是具有一定工业化程度的三四线城市，这里的消费者接受一个新品牌也需要时间的积累，如果不是商家的自主品牌，这样循序渐进的推广将耗费相当多的资金和精力，得不偿失。

既然事实如此，面对三四线城市的消费者，投入到下沉市场的产品升级就要注意幅度：既不能太过超前，又不能原地不动，总之就是要让消费者感受到但又能在接受的范围内。所以，核心要诀就是"微升级"。

消费市场的升级逻辑从来都是从无到有、从有到多、从多到好、从好到少，目前一二线城市处于从多到好的阶段，而下沉市场（尤其是三四线城市）处于从有到多的阶段，这个阶段的特点就是该有的产品都有，只是同品类的可选范围较少，因此商家的经营方向是在丰富品类的同时微小地提升产品质量。那么问题来了，为什么不能一步到位向消费者提供质量过硬的新产品呢？这里存在一个认知过程。

新产品需要消费者接受，本身需要不断的实际体验，比如要有敢于"吃螃蟹"的，"吃螃蟹"的可能体验良好也可能体验糟糕，只有当体验良好时才能传递给其他观望者正面的信息，这就存在一个50%的概率，当然，也存在着传递负面信息但观望者亲自尝试的可能，经过这样一轮信息传递和观念对冲，才能完成新产品蜕变为"非陌生产品"的过程，而在经历更多人群体验之后，才能从"非陌生产品"转变为"熟知的产品"，至此，产品的"新"属性才能得到释放。但是，如果在这个过程中加入产品的"优质"属性，其过程就要复杂得多，因为有些产品的"优质"属性存在主观感受的差别，比如口味独特、手感优良等等，这就意味着从"吃螃蟹"的开始分享体验信息时，必然会产生更多的认知分歧，加上新产品的陌生属性，会造成受众的分歧扩大化，作为商家来说，很难通过简单的营销手段去统一认识。

综上所述，为下沉用户提供"微升级"的新产品是最佳路径，它意味着不需要让消费者必须承认该产品比经典产品"好"很多，只需要让他们产生熟悉感并且体验不差即可，而这个信息传播链条就要简单很多，也易于采用简单的营销手段去整合。

市场下沉从来不等于服务和产品质量降低，至少在细分市场中的三四线城市绝非如此。随着一些大品牌的产品涌入下沉市场，消费者将有更多的机会体验到高质量的产品，会提高他们对产品的预期，加上互联网的信息对等，会让消费者进一步减少被陷进信息壁垒的情况。从这个角度看，我们可以将下沉用户定义为"价值敏感"而非"价格敏感"，既要给消费者提供实在的性价比，也要给他们提供真切的体验升级。

随着进入下沉市场的参与者变多，产品的丰富性会在客观上得到解决，但产品是否能实现合理的"微升级"，却是需要参与者主观上进行把握的，而每一个进入这个市场的人都要有自律自知的意识，这样才能保证下沉市场不成为低质低价产品的二次销售地，推动下沉市场朝着健康、开放的方向发展。

6 → 用病毒式营销打开市场

"病毒式营销"是一个听起来有些可怕的名字，但对商家来说，这种植根于互联网的营销方式能够凭借用户的口碑进行高速的受众间宣传，在短时间内直达数以万计甚至百万计的受众群体，不必让商家一个用户一个用户地告知，而是让老用户去吸纳新用户，把潜在用户转化为用户，对于开辟新市场非常重要。虽然下沉市场对传统广告仍然有一定的路径依赖，但对于下沉用户中的中青年群体来说，新媒体时代的广告还是具有一定的冲击力和感染力。

病毒式营销的能力上限超过了传统的硬广告乃至后起的软广告，因为受众对硬广告的宽容度很低且存在严重的审美疲劳，至于软广告，虽然比硬广告更巧妙委婉，但受众消化起来需要时间，也很难进行二次传播，所以与之相比病毒式营销更胜一筹，最重要的是，病毒式营销代表的并非是某种具体的广告形式，而是一个活的广告载体，它的"宿主"就是每一个用户。

说到病毒式营销，就不能不提蜜雪冰城，那首"你爱我，我爱你，蜜雪冰城甜蜜蜜"的主题曲已经不单纯是一首简单的企业宣传曲，而是在网络各种牛人大神的二次创作之下，让蜜雪冰城得到了指数级增量的曝光。其实，如果单论蜜雪冰城在下沉市场的覆盖面，很多消费者未必会在第一时间想到它，因为一些区域内的小品牌本来更有深耕本地用户的基础和能力，但是蜜雪冰城通过洗脑神曲和全面改良的门店形象，最终将品牌力成功地植入消费者的眼中和脑中。

和其他商品相比，快消品的消费忠诚度原本就不高，消费者不会固执地守着一个品牌消费，加上茶饮产品本身同质化严重，所以打通市场的关键在于如何提升品牌的关注度，而蜜雪冰城则用看似土味的宣传主题曲疯狂扩散在互联网上，然后任由网友恶搞，结果一来二去就获得了病毒式的传播，在人们没有任何防备意识的情况下成为热点和潮流。

既然病毒的发病率如此迅速，那么怎样打造一个"病原体"就尤为重要。"病原体"是什么？它就是病毒式营销的内核，包含着两个元素，一个是产品本身，另一个是产品的"包装"，这个包装当然不是外包装，而是如何打动用户的"软包装"，想弄清这个概念，我们先来思考一个问题：用户凭什么要主动充当你的宣传载体呢？

用排斥法可知，你要传播的内容在用户眼中并不是广告，因为没有多少人会跟身边的人讲自己看过什么广告，而病毒式营销的内容通常是有意思的或者有价值的信息，受众对它二次传播的时候能够获得一种快感甚至是成就感，这就是他们甘当宣传渠道的原动力，也就是被"软包装"打动了，而这个传播方式在熟人关系为主体架构的下沉市场具备便利条件，在广大农村乡镇地区更是如此。

反观传统的大众媒体广告，这种能够打动用户的"软包装"几乎不存在，因为这种广告架构本身存在着很多致命缺陷。

第一，干扰性强。

如果用户在某个视频网站观看球星梅西的帽子戏法时，突然蹦出一个广告弹窗挡住了梅西的一记妙传，用户一定会对广告产生反感，如果这个弹窗多次蹦出来刷存在感，用户甚至会对它的广告内容产生厌恶，这种干扰性就起到了负面作用，受众很难自愿地帮助它传播。还有一种情况是，如果用户在网络上看完一条国际体育新闻，想要买一双足球鞋，于是登录淘宝去浏览，这时候也会跳出各种小弹窗向用户进行推荐，但用户的注意力会被页面上五花八门的各种广告分散，最多只是匆匆浏览一眼那些小弹窗就跳过，从而忽略了某条广告中最重要的信息——"全部商品1折起售"，这就是因为干扰因素太多。

第二，存在抵触情绪。

几乎每个人都是看着广告长大的，尤其是在互联网不发达的传统媒体时代，打开电视和广播，翻开报纸和杂志，各种广告都排着队地闯进人们的视野中，严重影响了观看体验，进而就会对广告产生抵触心理，不管广告做得多么有诚意，只要用户发现它的存在就会本能地回避，直接隔断了用户和营销信息的接触机会。

上述就是传统媒体广告的弊端，它让受众和信息产生对抗情绪、误会乃至彻底隔离。那么解决这些问题的关键点在哪儿呢？还是在受众身上，是受众对传统广告的讨厌和轻视造成了信息传播的不畅，要想解决这个问题就要让受众的体验发生变化。

2017年，一款名为《旅行青蛙》的手机游戏上架，在2018年1月18日到19日出现了第一次大爆发，紧接着迅速攻占朋友圈、微博、知乎等各大社交平台，吸引玩家无数，即便是不想关注这款游戏的人也总能看到它出现在朋友的状态中、微博的热搜上以及知乎的提问中。这就是典型的病毒式营销，而《旅行青蛙》的每一个用户就是活的广告载体，它成功打造了一个"病原体"的传播内核。

第一，活用流行概念——佛系。

"佛系"是近几年出现在网络上的一个名词，意思是静观其变、不强求不抗争的一种人生态度，与之对应的有佛系青年、佛系出售等，而《旅行青蛙》的产品设计理念就是如此，你不能操作这个小青蛙去哪里，你唯一能知道的就是它终究会回来，一切只能随缘。"随缘"不仅是一种佛学观念，更是一种人生态度，它极具传染性，因为一个人修炼与世无争的态度比争强好胜更容易，这就能打动那些"看破尘世"的人，在朋友圈子中快速传播。

第二，了解用户的消费态度——不氪金。

"氪金"是游戏界的一种说法，是指在玩游戏（主要是网络游戏）中是否会产生充值、购买装备等消费行为，随着不少人对游戏的狂热度降低，不氪金也成为一种游戏态度和消费态度，而《旅行青蛙》则具备这种特点，让人们可以零成本去玩一款流行游戏，不设置任何门槛，对理性消费人群很有说服力，自然就扩大了"病毒"的传播范围。

第三，弄清大众的心理诉求——养萌宠。

随着单身潮的袭来，越来越多的人喜欢养猫养狗来陪伴自己，但是对于一些人来说并没有合适的饲养条件和环境，于是就出现了"云养猫""云养狗"这样的特殊群体——在网络上观看别人发布的萌宠照片或者视频来满足饲养的需求。《旅行青蛙》恰好解决了人们对养萌宠的渴望和现实困难的矛盾，让玩家在虚拟世界当萌宠的"虎妈猫爸"，这正是弄清了现代人的焦虑和空虚的心理诉求，增加了人们的接受度。

第四，精准定位细分市场——女性用户。

正如很多病毒都有最适合的感染人群一样，病毒式营销也不是在任何一个群体中都能实现高速传播的，它必然有一个最适合的群体，而《旅行青蛙》的产品理念和操作方式符合女性用户的某些特征，比如和男性相比更敏感、更细腻、更有耐心，而且女性对寂寞孤独等负面情绪的感知度也更强烈，存在着陪伴需求，这就决定了她们会接受一款不激烈、不刺激、不暴力的休闲游戏，只要在女性用户的社交圈子里出现第一个玩家，就会迅速扩充至整个圈子，这不仅是一种跟风，也是三五好友聚在一起八卦的谈资，这就直接导致女性用户更容易被"感染"甚至征服。

从传统营销的角度看，病毒式营销的核心无非是找到卖点再去寻找对应的用户群体，这并没有什么特别之处，但区别在于，这个卖点一定是适合在互联网上快速传播的。归根结底，病毒式营销的关键词是"病原体"，只有当它能够快速感染新宿主时，才有机会把更多的人改造成"活体广告"，这也正是病毒式营销的实用之处，对于在下沉市场攻城略地大有裨益，因为随着各行业对下沉市场的布局加快，速度和效率决定了未来的占有率。

第 四 章

CHAPTER FOUR

占高地：区域开发的规则和禁忌

1→ 回归诚信：开拓市场的不二法门

诚信是中国传统道德中最重要的规范之一，也是当今市场环境下，企业在从事生产、经营以及管理等活动中应该严格遵守的各种关系的准则。简单说，无论是开拓市场还是稳固市场，都离不开诚信经营。那么，对于下沉营销来说，诚信营销更是处于不败之地的法宝。

为什么会有这样的说法？我们知道，一二线城市更偏向于"陌生人社会"，人与人之间的感情相对淡漠，而且人员流动性大，名誉成本比较低。打个比方，你在大城市做了一件有违道德的事情，基本上不会有人认识你，即便事情败露你也可以去别的城市发展，因为你大概率不是本地人。相对而言，下沉市场的社交环境就不允许你这样做，一是因为这里更偏向于"熟人社会"，坏事传千里，二是因为这里的人们大多是土生土长，很难迁移出去做彻底的切割。

基于上述特征，下沉用户从骨子里更看重诚信的价值，所以他们自然更吃诚信营销这种打法，商家要想在下沉市场打出名号，恰好可以借助这种心理迈出打响旗号的第一步。

事实上，下沉市场的消费者对诚信是非常期待的，尤其是广大乡镇地区，根据2019年中国消费者协会发布的《农村集贸市场调查体验报告》显示，农村集贸市场充斥着大量假冒伪劣、三无产品和过期食品，导致消费者对农村集贸市场满意度不高。那么在这样的市场环境背景下，诚信经营本身就是一种营销手段，也是品牌最大的魅力所在。

浙江省台州市有一个"诚信小卖部"，经营者是一位27岁的小伙子，他的小卖部的特点就是无人超市，没有安装监控设备，甚至连自助收银机都没有，只有一个黄皮纸盒做的投币箱、一本记录本以及两张二维码，卖的东西都是大大泡泡糖、猴王丹、姜糖等带有怀旧情结的小零食，售价大多在5毛钱到3块钱之间，最贵的也不超过10块钱。顾客进店以后，想要什么自己拿就是了，然后根据商品上的标签自行付款找钱，也可以用手机支付。起初，很多人担心这种经营模式能否持久，事实上这种担心是多余的，一年下来不仅没有亏损反而赚了一点小钱。

虽然台州算是二线城市，但这个营销模式套用在下沉市场是完全可行的，因为商品售价普遍较低，人流较大，如果白拿东西不给钱，说不定就会遇到熟人，为此付出的名誉成本实在高昂，而且这个价位的消费是小县城也能承受得起的，基本上可以断定能持续经营下去。当然，小县城做这类营销的唯一先天劣势就是缺乏媒体的曝光度，而这可以通过网络上的辅助宣传进行，我们会在后面的章节讲到。

"诚信小卖部"的案例充分说明了诚信营销在开拓市场中的重要性，本着这种思路，我们完全有信心在注重面子和声誉的下沉市场打造属于自己的品牌，推荐的方法有以下五种：

第一，做品牌绑定，与当地形象好的企业展开合作。

外来的新品牌最快打进市场的办法，就是和当地有一定知名度、口碑较好的企业进行强强合作，可以是产业链上的合作，也可以是跨界的营销合作，如果实在无法找到合作点，也可以通过赞助的方式，总之就是要让自己的品牌和已经被当地消费者认可的品牌产生关联效应，从零开始提升口碑和形象。

第二，做事件营销，将品牌和诚信深度绑定。

想要在下沉市场快速出名，策划事件营销是最有效的方法，常见的方式有免费抓现金、免费送手机等高价值的物品赠送活动，不过，既然要融入诚信营销的精髓，赠送的物品一定不能价值太低，要给参与者一种"我不相信商家会赠送这么值钱的东西"的感觉，这种先破再立的方式，更容易树立起"诚信经营"的大旗。

第三，做线下营销，触动地方消费者的情怀。

和一二线城市不同，下沉市场很多人都是土生土长的，他们对家乡一草一木感情很深，比如某个小时候就去玩耍的公园，再比如谈恋爱都会去逛的步行街等，这些地方未必会直接产生经济价值，但如果商家在这种经典地标中投放广告，就会在无形中提升人们对该品牌的好感度，等于是悄无声息地把品牌植入到人们的记忆中，这样一来，消费者再看到该品牌的时候，陌生感会消除，信任感会有所增加，就像是和熟悉多年的朋友重逢一样。

第四，做线上营销，发挥朋友圈营销优势。

朋友圈集赞是一种传统的线上营销模式，但是对于下沉市场来说，人们更不容易完全"摆脱"亲朋好友求点赞的需求，那么商家就可以借此向外展示品牌的诚信价值。比如，集赞达到多少数量后可以免费领取奖品或者到店消费免单，看起来不可思议，但因为人都有占便宜的心态，这种线上传播的速度会加快，而一旦兑现后会提高下一次集赞活动的热度。除此之外，对于口碑的维护也可以从线上作为切入，比如店面可以入驻大众点评网之类的平台，让消费者畅所欲言地评论，店家也要及时回复，表达出对消费者意见的重视程度，尽量不要采用机器人回复的方式。一旦形成了互动习惯，人们对该品牌或店面的支持度就会进一步提升。

第五，做现场对话，拉近和消费者的心理距离。

一个品牌想要走得更远，就要让消费者对品牌产生感情，而产生感情的前提条件是足够了解，以上讲到的营销方法都是在客观上增强联系，而如果想要在主观上融入真情实感，不妨来一次现场的问答和对话活动。比如餐饮行业，可以将大厨请出来，和食客们聊一聊烹饪心得，传授一些不涉及商业机密的烹饪小技巧，而餐厅经理也可以就服务问题倾听消费者的意见和建议，店长也可以组织一场"有奖征名"的活动，让食客们为一款新菜品命名，诸如此类，都能缩短消费者和商家的距离，还能在活动中获得一些赠品，参与热情自然高涨。当然，餐饮之外的其他行业也能套用这种方法。

下沉市场的显著特点是圈子比较小、人际传播很快、新鲜事比较少，因此一旦出现就会传得人尽皆知。归根结底，无论哪种诚信营销的方式都要依赖口碑传播，因为消费者最看重的还是产品和服务质量，一些营销手段不过是品牌知名度的放大器，其功效还是取决于品牌本身的价值。因此，既然决定回归诚信，就要踏踏实实地做好产品和服务，不要妄图采用炒作和噱头强行"催熟"一个品牌，这样的企业是不会拥有太长的生命周期的。

诚实信用是市场下沉的必经之路，如果这一段路塌陷了，整个市场下沉的过程就可能遭遇严重阻碍，一旦在下沉市场砸了口碑，想要翻身将难上加难。

2→ 自建渠道，扯开大旗的第一步

现在流行一种说法叫"得下沉市场者得天下"，这句话已经得到了广泛的认同，但如何才能抢占下沉市场的高地呢？那就要从另一句话中寻找答案——"得渠道者得天下"。

我们常说要提高对消费者的触达率，而渠道就是直接面对消费者的触角，触角越多，覆盖的范围就越大，触角越长，深入的程度就越高。以电动车行业为例，龙头品牌雅迪基本实现了对国内销售市场的全覆盖，辐射范围达到31个省市自治区，门店超过3.5万家，2020年市场占有率达到22%。即使达到这个高度，雅迪依然不满足，未来还要持续投入10亿元，其中拿出一半花费在县城地区的拓展上，可见其对下沉市场的攻占决心十分坚定。

渠道对商家意味着什么呢？那就是品牌市场渗透力的提升，尤其是对中国最广大的乡镇地区的消费潜能挖掘，能够促使行业诞生新的增长点，而这个巨大的升级空间都和渠道网络的建设程度成正比关系。

当然，现在关于渠道存在着一个理解误区，那就是在移动互联网发达的今天，线下拓展的意义是否还像过去那般重要呢？答案自然是肯定的。还是以电动车为例，虽然人们可以随时随地在网购平台上购买，但涉及到售后服务就不可能再依靠网络，毕竟电动车的物流运输不像小商品那样容易。因此，渠道网络的丰盈程度将直接影响到消费者对该品牌的认知程度：网络越多，品牌的知名度越高，就越容易在消费者心中留下深刻印象。

简言之，品牌渗透力其实就是渠道网络建设的最核心目的，以下沉市场中的年轻群体为例，他们对大品牌的渴望并不比一二线城市的年轻人要弱，相反会变得更强，因为一二线城市的年轻人有时候会跟风一些小众的、个性化的品牌，而渠道下沉就是增加品牌和消费者感情深度的最好办法。因此，当渠道网络不够丰富时，消费者能接触到往往是产品质量稍差的地方品牌，甚至是各种杂牌乃至假冒伪劣产品。

众所周知，大品牌的成功之处就在于产品质量和售后服务等方面的综合体验，只有进行渠道下沉，才能让下沉市场的消费者真实地感受到这些优势，同时也能维护品牌在下沉市场的形象和地位。从某种角度看，下沉市场等于二次开发品牌价值，其发力的程度要比首次开发时有过之而无不及。

破局方法1：联合行业联盟之力

现在有些行业内的大品牌，在进入三四线城市时效果不错，然而一旦深入到乡镇地区就会显得力不从心，这是因为单靠一己之力很难全面触达消费者，更不要说跨地域了。反观地方原有的品牌，往往在集合了当地比较活跃的代理经销商之后组建了一些联合性的组织，在一定程度上具备了抵御外来品牌的能力，但是这类组织往往存在着松散联合的特质。那么作为外来品牌，可以通过资源分享的方式加入、渗透到这些行业联盟中，以项目互补、产品互补乃至客户互补为优惠条件建立更为稳固的行业联盟关系，这样就能更多地分享地方政府采购项目，还能借力地方的广告传媒资源，做关系营销，最终起到整合资源的作用。

当然有人会说，地方行业联盟凭什么要接纳外来的品牌呢？哪怕给出优惠条件，本质上还是来争夺市场资源的。其实，现在很多地方行业联盟面临的问题是，他们不愿意下沉到最底层，这意味着渠道下面还有渠道，会让本就有限的利润进一步被细分，而外来品牌的加入，可以凭借其自身的优势资源做好一个平台，而不单纯是一个联合组织，以平台为根基，就能获得更多的底层数据，从而进行边缘扩展。打个比方，如果是装修行业，松散的行业联盟一般就到乡镇一级，具体到村里就交给小包工队甚至个人，而一个强大的行业联盟会把成本压缩到最低，同时实现横向外延的突破，整合从五金建材到家电销售等多个邻近领域的资源，通过一横一纵的方式打造立体式的渠道网络，这样获得的总利润就会超过过去，也就不存在不愿意扩大代理层级的问题了。

破局方法2：构建零售云业态

2019年，苏宁易购在"8·18发烧购物节"期间正式宣布打通快手小店，走上了直播带货之路，目标瞄准了下沉市场，并很快推出了"苏宁拼购"，以苏宁团长、推客、拓客三大社群主力链接到下沉市场社区场景中，这三大社群矩阵已经突破100万大关，覆盖至少5亿消费者。在渠道端，苏宁不仅建立了苏宁小店，还重点推动零售云业态的构建。

所谓的零售云，是苏宁针对县镇市场重点打造的智慧零售赋能平台，凭借品牌整合、技术、供应和物流等资源加上全场景和全价值链的赋能，提供给消费者优质低价的商品，共享智慧零售时代红利，后来不断迭代升级出现了零售云3.0版本，其核心是以数字化的方式重塑县镇市场，能够在一天之内随时随地直达乡镇和社区两个下沉的消费场景。

当然，苏宁的零售云是否能最终抢占下沉市场的高地，目前还存在着一些争议，但这种依托互联网思维的下沉模式是值得学习和借鉴的，因为它能让更多的参与者不必将赌注都压在线下，而是能够背靠更广泛的互联网来捕获客户，在赢得用户心智方面先行一步。所以，想要模仿苏宁的零售云模式，可以先摸清下沉市场消费者的购物偏好，锁定在既是自己擅长又能符合消费者预期的领域，比如苏宁锁定在家电、手机和智能产品三大品类上，这样才能集中有限的资源办大事。

自建下沉渠道网络是一个有难点的操作，因为下沉市场不像一二线城市，它看重熟人关系，熟人之间的信誉是第一位的。如果一家夫妻店开了五年，只要获得了周围居民的信任与好感，基本上就不愁生意做不好。如果想要击败这样的竞争对手，就得集中优势资源，比如更丰富的品类、更低廉的价格等，同时不忘记提供更优质的线下服务去博得新客户的好感。

可以预见的是，随着乡镇地区的公共服务设施逐渐完善，这里将成为下沉市场中增速最快的部分，与之同步的是，下沉市场中各大品牌的近身肉搏战也会越来越精彩，谁能胜出就成为"得下沉市场"的最终赢家，而渠道建设就是决定胜败的关键因素。如果单纯为了快速下沉而忽视渠道网络，那么在短时间内或许可以获利，但从长远来看，其品牌形象塑造就要落后一步。只有将下沉后的经销商和品牌要求保持一致，才能真正在市场下沉中保有一块金字招牌。

3 → 精细化营销，把价格策略吃透

如果说下沉市场因为其定义的宽泛性不够精确，那么针对下沉市场的营销策略自然也不能模棱两可，而是要不断精细化，符合各个细分市场的消费需求。这样一来，才能将不同的营销策略化零为整，把简单做到极致，具有可操作性和可复制性。那么，我们首先要做的就是梳理一下精细化营销这个概念。

以精准定位为前提，借助现代信息技术手段建立个性化的顾客沟通服务体系，最终完成企业的低成本扩张之路，这就是精细化营销的概念总述。具体地说就是，所有人都知道下沉用户也有消费升级的渴望，但这个升级不是让小县城的用户购买到巴黎的时尚单品，而是让他们有精美的厨房壁纸使用，有可供选择的优质水果。

为什么拼多多能够在下沉市场大杀四方，这和拼多多的精细化营销脱不开干系，而分析拼多多之前我们可以看一下美国的大型连

锁超市沃尔玛是如何做到这一点的。

　　沃尔玛是营业额连续多年名列世界500强第一的零售巨头，1962年成立的时候仅仅是在一个只有3 000人口的偏僻小镇，是下沉市场中的下沉市场，但也正是这种天然基因，决定了沃尔玛在应对下沉市场消费者时具有先天优势，其中最突出的一个策略就是密集开店。

　　在下沉市场，租金、人工等开店成本相比于一二线城市要低廉许多，所以从资金投入上看难度不大，而且下沉市场的交通状况也相对优于一二线城市，交通的便利能够促使人们更依赖于线下消费的场景。沃尔玛正是瞄准了这一点，在一个区域内特别密集地开店，而区域的中心就是配送站，以一天配送的车程为半径密集开店，通过这种方式让每个配送站的固定成本平摊给不同的门店，使得产品的价格十分便宜，具备了极强的市场竞争力。而且，因为密集开店，消费者走出不远就能找到沃尔玛的分店，久而久之就建立了一种深度绑定的关系，形成了用户黏性。

　　上述两点构成了沃尔玛成功的要素，直到越来越多的小规模连锁店出现以后，沃尔玛才调整了之前的策略，改成了建立巨型单体店的新模式，但这种策略本质上还是借助"密集开店"的总方针，产品价格依然具有平价优势。

　　从沃尔玛的发展历史可以看出，针对下沉市场的精细化策略能够迅速诞生一个世界级的销售巨头，更重要的是，这个成功绝学是可以复制的，拼多多同样也是借助区域性的规模优势，只不过走的是线上聚合的路子，通过微信、拼团以及帮人砍价的方式让消费者通过网络分享产品信息，提高用户黏性，从一个人的消费行为变成一群人的消费行为。

在了解精细化营销这一概念之后，我们下面要集中解决一个重要的营销问题——价格营销策略。原因很简单，无论是三四线城市还是乡镇地区，消费者对价格的敏感度要超过一二线城市，这是决定品牌下沉后如何获得市场份额和生存空间的关键所在。但是，既然我们是本着精细化营销的思路，就不能简单地理解为"低价策略就是王道"，这是简单粗暴而非简单实用。

从整体来看，国内下沉用户收入是普遍提高的，按理说顺着这个逻辑，他们需要的应该是优质平价的商品，至少不会以"廉价"作为消费决策的重要因素，但事实并非如此简单。打个比方，在社交生活、娱乐方式匮乏的年代，人们购买一件衣服会关注耐不耐穿，因为没有那么多钱花费在穿衣打扮上，也不需要追求太多个性，所以一件衣服可以穿若干年，相比之下价格反而不是决定因素，因为一件廉价衣服穿两个月就坏掉，意味着后续投入的花销会更多，远不如开始就买一件货真价实的衣服。因此在这样的时代背景下，"耐用耐穿"反而是消费者更看重的因素，低价策略所能起到的干扰作用很小。

随着时代的发展，当人们的社交生活变得更加丰富多彩以后，娱乐场所的增加和娱乐方式的丰盈，意味着人们只买一件耐穿的衣服是不够的，因为此时人们对衣服的分类会更为详细：上班要穿工装，回家要穿居家服，晨跑要穿运动服，聚会要穿晚礼服，日常活动穿休闲服……随着人们的需求不断增加，人们需要的衣服种类也越来越多。

其实不仅是衣服,在需求多样化的今天,每个产品的细分场景都是不一样的,比如过去家里有一台电脑就足够办公和娱乐了,但是现在很多人是在家用台式机,出门用笔记本,躺在床上要用平板电脑,同样是在电子计算机上面的花销,种类变得复杂了。那么问题来了,当消费需求多样化以后,如果收入没有显著的提升,那就意味着在每一个需求分区内的投入会减少,因为购买的总量增加了。

顺着这个思路可以发现,既然购买的品类增多了,人们对于性价比高的产品依然拥有着强烈的期待,但这个结论和单纯地认为人们喜欢便宜货有着本质的不同,因为前者是多元化消费,后者仅仅是卡里余额不足。换句话说,目前中国的消费方式正在朝着美国式的"丰裕社会"靠近。

"丰裕"带来了生活方式的多样化,也带来了新的消费压力,因此拼多多的低价策略才能在下沉市场大放异彩,这并非是那里的用户收入减少了,而是他们也逐渐发现自己的消费需求更复杂了,因此在不需要优质产品的前提下会选择平价甚至低价产品,比如在食品、日用品等高频消耗的领域。

既然现状如此,那么想要成功进入下沉市场,就要从横向和纵向上优化价格营销策略:横向上提供品类更丰富的低价产品,纵向上要提供比竞品更低价的产品。只有同时满足上述两点要求,才是真的吃准了下沉用户真实消费心理的操作。那么为了让操作顺利实现,就要采取更加精细化的产品供应策略。

以社群营销为例，通常最受欢迎的往往是水果、鸡鸭鱼等农副产品，低价不低质，原因是供应商直接和果农绑定，免去了中间商赚差价的环节，而这个操作在下沉市场其实更易实现，因为距离供应端更近，可以直接关联到乡镇地区的农村，这种特殊的供应策略就细化了价格营销策略，很容易催生出爆款单品，而走高的销量又会提升曝光率，并通过熟人社交的方式完成用户裂变。

现在答案越来越清晰了：如果你是做平台的，就要不断丰富产品种类，优化产品价格；如果你是做品牌的，就要突出品牌的辐射范围，尽量打造一个更广阔的应用场景，而不必拘泥于某一点需求；如果你是单纯做销售端的，那就要补充市场上缺失的产品新分类，满足消费者多元化的购物需求。

"性价比"永远是一个值得研究的话题，因为它的概念内涵不会一成不变，而会随着时代的发展被增加或被减少原有的定义，这就要求商家始终要了解消费者的现实生活，才能明确其消费心理，从实际存在的需求入手，通过精准的定位成功收割属于自己的用户群体。

4 → 化解僵局：新产品=新入口

下沉市场所表现出的特质和一二线城市并不相同，这种特质不能简单地理解为"降级"，更像是一种"形变"，所以即便是深耕大城市多年的企业，也不能带着一种"自上而下"的优越感去攻占下沉市场。因为简单粗暴的策略移植未必管用，甚至还可能产生反作用，更何况在竞争者越来越多的风口期，很容易遭遇进退维谷的僵持局面，而破解之道就是要拿出诚意，用新产品占领下沉用户的心智。

至于如何打造产品战略，不同行业有不同的出发点和侧重点，在此简要列举三大常见行业的新品下沉策略：

第一，内容产品。

内容产品主要是指是能够满足用户内容消费需求的产品形态，通常具有阅读资讯、消耗时间、学习知识等特点，比如短视频、音乐、文学、公众号文章等。一般来说，内容产品应该围绕内容组织、内容加工以及用户分类三个组成部分。

在内容组织方面，要重点突出"适应区域性"的策略，就是你所打造的内容要符合当地消费者的经济水平、文化背景以及消费习惯等。比如短视频演员在出镜时可以考虑讲方言来获取受众的好感，再比如原创音乐要和当地的音乐审美偏好相符合，只有做到内容组织上的适应性，才能真正在该区域中扎下根，提高下沉用户的留存率。

在内容加工方面，要在"适应区域性"的基础上，依托大数据分析对已经发布的内容进行复盘。比如你发布的短视频到底有多少完播率，受众实际反馈如何等，根据这些数据对原创内容进行调整，校正之前的认知偏差，精准定位受众需求，提升原创内容的区域性特点。

在用户分类方面，通过大数据分析用户的偏好。比如某地区受众更喜欢自制长视频还是短视频，是更喜欢流行音乐还是民乐等，在数据调查之后细化受众市场，根据用户的不同需求进行区分。比如平台的差异化投放和发布时间段的选择（涉及到上班族、退休族的作息时间）等，分类越详细，内容下沉的速度就越快。此外还可以通过建立积分制、会员制的方式筛选优质用户，深耕市场。

第二，电商产品。

电商产品通常包括淘宝、拼多多这样的电商平台，也包括新零售、供应链以及物流等服务商，其产品战略以电商和新零售为主。

在区域策略方面，要根据不同区域的消费水平、消费偏好制定差异化的营销策略，比如针对三四线城市的轻奢品推荐和针对乡镇地区的日用品推荐。不同区域采用的渗透策略不同，比如在乡镇地区依靠熟人关系的效果就更好，在三四线城市依靠意见领袖的作用更明显。在产品和服务的策划方面，建议以拼团和直播为主要的转化阵地，设置多个促销主题，满足下沉用户对产品多元化的需求，比如"亲子主题""婚恋主题""敬老主题"等，玩法越是多样，捕获的客户群体越丰富，会间接提升平台的曝光度和覆盖范围。在物流配送方面，要做到区域内24小时直达、支持冷链等多元产品的高质量运输，才能让消费者认识到他们在享受和一二线城市相同的网购服务体验，从而固化对电商平台的依赖性。

第三，本地生活服务产品。

本地生活服务产品主要是包括求职、搬家、找房等关乎百姓日常生活的服务，常见的外卖送餐也在其中，这方面的样板就是58同城（镇）和饿了么等。所以准确地讲，这个领域属于服务方式的创新，破局的关键在于了解原有本地生活服务产品的边界在哪里，比如能提供多少种类的服务，送餐的时间段等，从而打造差异化的服务策略。除此之外，也可以不专攻某个方面，而是做综合型的服务平台，通过海量的类别来吸引更多潜在用户。当然想要做成功也并不容易，可以借鉴58同镇招募地方站长和代理商的方式拓展根基，依托各大社交平台加深市场布局。

以上列举的只是部分产品在创新上的推荐方向，如果你所经营的领域和上述三个领域无关，也不必一味从中模仿，而是要弄清一个关键性的问题：产品下沉的动力在哪里？只要回答出这个问题，同样也能找到产品或服务的创新点。

　　商品的品牌性和品质感是另一个需要考虑的重点。随着下沉市场的消费升级，用户在一些产品的品类上更看重品牌的高性价比以及商品概念。性价比这个由供应渠道、生产/服务成本等因素决定，更多地受限于客观实际情况。但商品概念是一个主动掌控在手的元素，也是在下沉市场培养新用户群体的切入点。打个比方，你是销售小家电的，那就可以给产品定位成"小镇青年佛系套装"系列，吸引那些不追求大品牌但追求简约舒适的用户群体；如果你是做美容美体的，也可以创造"新东方主义美艳"的美容概念，吸引那些有一定消费需求和能力的女性用户，诸如此类。什么"国货之光""中年男性首选"等概念也都可以适时地加入进去。总之就是通过创新概念来满足用户的个性化需求，是一种成本较低的产品创新模式。

　　某种程度上讲，新产品对商家的意义并非是拉动新的销售增长点。因为新品被市场接受需要一个过程，何况还是在品牌认知概念较为模糊的下沉市场，所以新产品真正的战略价值在于为消费者打开一扇门，让他们从门中发现一个新世界，其中隐藏着各种可以刺激他们新消费欲望的存在，也是商家日后发力获客的关键入口。

　　目前下沉用户的需求还没有被充分挖掘，只是有先行者探索出了一部分，因此不能拾人牙慧地将其他行业的探索经验照搬照抄，而是应该抱着"我也来深挖一下"的心态，积极主动地参与到用户心理的探索活动中。因为只有了解用户在每个消费环节中的思维动态，才有机会收获创新产品和服务的灵感，并随时可以校正和优化，从而形成创新路径的闭环。

5 → "土味营销"为何火了：寻找你的代言人

"争夺用户注意力"是近几年营销界经常使用的词汇，对于新开拓的市场，在用户尚未产生黏性之前，让他们记住并接受才是最重要的。同样在下沉市场，当无数个陌生的外来品牌入驻之后，如何在用户眼花缭乱之际加深在他们心目中的印象就尤为重要。

无论你是品牌方还是销售商，都要知道下沉用户喜欢什么、能够快速接受什么样的形象，在掌握这两点信息之后才能制定正确的品牌形象策略。当然，这个话题本身内容庞大，不同行业有各自不同的打法，我们今天就死磕一条去分析透彻，这条路就是"和用户亲切地交流"。

这句话听起来似乎没有什么玄机所在，但它的真实含义不是字面意思，而是"亲切地交流"所指向的重点——用消费者能够听懂、喜欢听、习惯听的方式去交流。这个交流包括了从介绍产品、品牌本身到营销话术再到售后服务等全流程，并非用"礼貌客气"的方式与用户沟通就万事大吉了。

在社交行为中，"共同语言"往往决定了两个人能否快速拉近距离，这在营销层面也同样适用。从信息流传递的角度看，"共同语言"有助于打破认知障碍，帮助用户直观地了解产品、品牌乃至商家本身的各种特征，是一种理性层面的达成共识。从情感传递的角度看，"共同语言"会让用户感受到一种亲切自然，会减少对营销话术的本能排斥，是一种感性层面的情感连接。因此，我们可以大体总结出：只有用亲民化的方式和用户沟通才能成功夺走用户的注意力并博得他们的好感。

下沉用户和一二线城市用户不同，他们大多是土生土长在本地，从事着相对压力较小的工作，在生活上也以实用朴素为主，所以针对他们的产品语言体系就要进行适当调整。比如，传统的"先生""女士"这样的称呼，对于下沉用户来说足够礼貌，但总感觉少了那么一种亲切感，因为他们日常接触到的更多的是本地商家无距离感的沟通，比如"大哥大姐""阿姨叔叔"等，更加符合我国大众心理，是根植于熟人社会的语言艺术，不能简单地将其划分为高级或者低级。

以我们常说的"小镇青年"为例，它主要是回流青年和本地青年的融合体，而回流青年指的是曾经在一二线城市工作生活过后来回到家乡的，他们虽然在生活阅历上有差别，但归根结底还是更认同"小镇式的"低压力人生，因此在文化心理上并不追求高调和过于率性，而是希望在保持共性的前提下留有一部分个性。在这种文化心理下，他们对高大上的语言词汇系统并不敏感，反而更喜欢接地气的、描述他们现实生活状态的语言形式。

快手是下沉用户普遍比较喜欢的短视频平台，而快手一众短视频博主的语言风格就是朴实无华，从耳熟能详的"老铁"到"兄弟"，几乎没有刻意的语言修饰，和"观众们""小哥哥小姐姐们"这种称谓风格迥异。在快手的世界里，展示的都是没有滤镜的田间地头，各种精神小伙和精神小妹轮番出镜，最大限度地引起了人们的好奇心和共鸣。在这种土味表达的市场影响下，诞生了"土味情话"，成为一些商家俘获消费者的重要道具。

从安徽肥西走出来的"老乡鸡"用12年跨过10亿，接着用2年跨过20亿，目前在国内已经拥有1 000家门店。"老乡鸡"的商业起点就是在下沉市场，它的营销话术就是土味满满，堪称业界样板。

2020年，老乡鸡董事长束从轩号称用200元就做出了一场效果超过2亿元的线上发布会，让广大消费者见识到了"土到极致就是潮"的真理。从场景布置上，发布会的背景是土瓦墙，墙上挂着腊肉和大蒜，红色的横幅上写着"二零二零老乡鸡战略大小会"。有意思的是其中的"大"字还被划掉了，一块临时找来的黑板充当发布会的重要道具，束从轩戴着口罩走上由砖块搭成的舞台，下面坐着乡亲们。接下来，束从轩的发言更是充满了密集的段子，张口闭口都是网络流行语，但整体的语言架构还是以土味为根基的，并非是一味地玩梗。比如从桌下拿出一只鸡然后说："就是这只鸡，真的太美"和"老人小孩都爱吃，隔壁小孩都馋哭了"，再比如"今年老乡鸡必将突破100家，泰国、新加坡、印度尼西亚，我们今年都不去"等，只要对互联网感兴趣的人都能参透其中的笑点。因此在发布会结束后，人们总结道，这是一个结合了观赏性和实用性的发布会，一个表面看起来很土其实很高级的营销文案。

抓住"土味"文化这一流行风向标，紧扣品牌定位，是老乡鸡在营销界所向披靡的核心战略，尤其是对于下沉用户，这种能够勾起很多人（在乡镇地区生活过）的某段回忆，甚至也可以是他们从父辈那里了解到的"土味历史"，亲切感十足，远比来自韩国欧巴的"啤酒炸鸡"之类的广告更有吸引力。

一二线城市讲究的是时尚和潮流，土味营销对这里的消费者或许会产生强烈的新鲜感，比如老乡鸡也一度"上行"到了北上广等一线城市，但从长远和整体来看，真正能长时间接受土味营销的还是下沉市场。因为土味对他们来说不是一种噱头，而是生活的一部分，是融入在他们的基因和记忆中的。下沉用户更多的是在意原生态的表达，并不过分追求那种高端的审美，至少在营销层面他们渴望和商家有接地气的交流，这种既有熟悉感又有人文情怀感的语言才能深度影响到他们。从这个意义上讲，土味营销针对上行市场是一种逆向影响，而针对下沉市场则是一种顺向营销。

总的来说，土味传递的就是一种真实和世俗，单纯又可爱，而这恰恰反映了下沉用户的一种潜在心理：我不希望商家用华丽的语言来欺骗我。因为对他们而言，越是简单直白的语言，其中藏着的陷阱就会越少，这其实是诚信营销的衍生品。

土味营销自有其魅力，但千万不要将土味理解为低俗，那样就曲解了土味营销的内涵，也在客观上贬低了下沉用户。归根结底，每个准备在下沉市场放手一搏的参与者，在面对新客户群体时，不是要先下定决心，而是要先放低姿态，做一些实实在在的、内容丰富的营销去打动消费者，切忌自己感动自己，只有这样才可能取得意想不到的效果，在土味中产出新业绩。

6→ 本土化，离不开"本地和尚"

人们常说"外来的和尚会念经"，但这句话用在攻占下沉市场上并不适用。由于下沉用户更相信熟人和本地商家，所以作为外来品牌，想要打入下沉市场就要借助"本地和尚"的力量，即依托熟人关系网和意见领袖为营销打开门路。

亲戚好友、邻里之间形成了复杂庞大的关系网。史学家费孝通在《乡土中国》中提到所谓的"差序格局"，意思是将一块石头丢在水面上所发生层层涟漪，反映在营销上就是"身边的人在用我也应该用"这种消费心理，它在一二线城市不太明显，因为那里的年轻人更看重的是个性独立；而在下沉市场就比较普遍，因为谁都不想成为被集体"抛弃"的对象，体现的是一种高度的从众心理。那么，顺着这个思路往前捋就能发现：那个扔石头的人至关重要。

凡是有和下沉市场卖家合作经验的人都不难发现，他们不喜欢一二线城市那种线上投放高质量广告的营销方式，而是比较中意成本低、投放精度高、符合当地人消费心理的营销方式，能够满足这些需求的就是借助熟人社交网络。事实的确如此，当越来越多的大品牌进行市场下沉时，都发现了本地化营销的重要性，不少地区都存在着本地化品牌复杂、消费者对本地化营销更为依赖的实际情况，毕竟本地化的广告媒体能够为地方消费者提供更精准和更高效的转化，以至于即便是处于行业领先地位的互联网巨头也是鞭长莫及。那么，本地化营销该如何寻找破局点呢？

第一，网购平台的拼多多模式复制。

拼多多的拼小圈就是利用熟人关系实现用户裂变的成功案例，通过邀请用户在拼多多站内结成好友关系，关注好友最近的购买动态以及个人动态，就能获得更多的真实数据，让算法变得更为准确，最后汇集成为具有营销价值的大数据分析。当然，这种信息分享在一些人眼中有暴露隐私的风险，所以一部分用户会拒绝开启该项功能。根据这种情况，本地化营销的网购平台可以简化信息分享的具体内容，比如购买奶粉改成食品消费，比如购买成人用品改成成长消费，通过隐晦的、省略的说法减少信息分享的尴尬，可以抵消一部分人拒绝开启该项功能的情绪，从而尽可能完善地补充后台大数据的信息积累。

除此之外还有一种化解方案，就是以家庭为单位进行信息分享，比如李四家庭2月在日用品消费上花费500元，然后推送相关链接。为了鼓励用户建立家庭账号，可以通过发放优惠福利的办法，再引导家庭中比较活跃的用户带动消费，就能促使一个家庭带动另一个家庭消费的意愿,既能增强熟人之间的线上交流,还能形成用户裂变,最大限度触达目标人群。

第二,地方自媒体的软文推广模式。

在远程办公模式相当普遍的今天,越来越多的内容创作者实现了居家办公的可能,其中就有一部分内容创作者,他们广泛分布在全国各地,如果借助他们的粉丝基础进行本地化营销,会比依靠外地的自媒体渗透率更高。在一二线城市,由于人口密集和文化认知的相对统一,一个广告创意能打动的人数更多。而在下沉市场尤其是小县城、乡镇地区,存在着居住分散的特点,广告投放稍显力不从心,还存在着文化特征多样等不利条件,与其费尽周折地挖掘传统广告的残存价值,不如将有限的资源投放在自媒体平台上,本身自带流量,哪怕粉丝只有几百数千人,但在熟人社会的裂变结构下,完全可能产生星火燎原之势,因此与地方的自媒体合作就能打造属于自己的流量池。

第三,地方广告合作营销。

现在一些进入下沉市场的加盟商,通过不断在当地寻找广告营销渠道逐渐打开了市场,之所以能有这样的效率,和传统广告行业一直承受的压力和挑战有关。在互联网时代的背景下,传统广告的转化能力日渐枯竭,尤其是地方广告行业,本身客户资源有限,为了生存和发展就必须和外来的商家进行合作,这样既解决了外来和尚的本地化营销难点,也解决了地方广告商缺少客户的痛点,属于双赢关系。

当然,和地方广告商建立合作关系只是第一步,接下来要考虑的是如何突破传统广告形式的问题，过去在下沉市场，广告多是依靠广告画册、宣传单页等传统手段，在互联网的冲击下早就对用户失去了吸引力，而且自身成本也居高不下，更无法获得有价值的反馈信息。为了解决这个障碍，就要借助新媒介的能力，采用线上和线下双管齐下的立体化营销方式，帮助品牌打造场景共振，提升广告的审美水平和触达效率。比如，在繁华路段铺设投影广告，既有曝光度又能让资源集中，在线上则借助地方论坛、贴吧、微博等公共社交平台投放广告，吸引不同年龄段人群的注意力。需要注意的是，一些地方的手机应用程序对本地新闻都有关注，这和一二线城市的用户不同，他们更多关注时政财经这样的要闻；而下沉用户对身边的世界更加敏感，所以发生在某城、某县、某村的新闻内容更能刺激他们的关注欲望，这就是线上投放广告的切入点。

第四，打入线上社交圈子。

移动互联网和智能手机的普及，让线上的社交生活逐渐丰富多彩，因此有着大量的地方微信社群。其中，有学生聚集的社群，有中老年人聚集的社群，还有各种兴趣爱好社群，比如车友群、理财群、育儿群等，那么商家就可以从年龄段或者兴趣偏好方面入手，打入这些社群内部，与群中的意见领袖结成合作关系，通过他人的影响力为自己的产品和服务背书，既能产生一定的转化率，还能起到培养本地种子用户的作用。

一二线城市由于人口流动性大，种子用户的培养价值其实意义不大，或者说存在一定风险。而人口相对稳定的下沉市场则完全不同，种子用户的黏性可以创造不可预估的价值，所以在做社群营销时一定要确保品牌口碑不倒，要不断提高客户的"回头率"。为了维系长久友善的交易关系，要不定期地举办一些线下活动，增强社群成员和商家的关系，帮助品牌和消费者建立情感性的连接，从而健康持久地发展。

下沉市场终究是一个熟人场域，每个消费者都有比较相近的地缘认识、风俗习惯以及生活理念，彼此之间存在着较为强大的社会关系。所以不论你在一二线城市有着多么强大的市场号召力，都不要自信地认为可以借助既有优势轻易打入下沉市场，你应该弄清的核心问题是：消费在很多时候并非是购买某种产品或者服务，而是寻求一种社会认同甚至心灵归属的过程，只有抓住这个本质，才能真正发挥本地化营销的作用。

第五章
CHAPTER FIVE

市场孵化：鸡和蛋都不能少

1 → 打破消费壁垒：提升体验感

人人都有消费需求，区别在于有些是显性需求，有些则是隐性需求。商家要做的就是激发用户的消费欲望，让显性需求提升，让隐性需求转化为购买行为，简单说就是让消费者产生"花钱让我快乐"的感觉。在一二线城市，经过消费主义洗脑的用户大多不吝啬自己的钱包，只是在追求消费体验感的时候会提出更多的要求。在下沉市场，打动用户的关键也和体验感息息相关，它就像是横亘在商家和消费者之间的一道壁垒，只有把壁垒另一层的世界做得精美绝伦，才能吸引用户跨过壁垒敞开自己的钱包。

体验感是一个比较主观的定义，商家不可能精准定位用户的体验感在哪里，但是可以将获得体验感的条件准备充分，从而制造体验感提升的可能，而实现这个目标的路径就是体验式营销。

体验式营销就是依靠看、听、用、参与等手段，充分调动消费者的感官、情感、理性乃至行动,对某个品牌提供的场景、产品或者服务沉浸其中,最终产生消费欲望的营销方式。在体验式营销中,用户能否参与进去、体验的需求是否得到满足都是重要因素,而商家为了树立品牌形象也要设置一个合适的体验主题,总之一切行动都要围绕"体验"来展开。

对于下沉用户来说,线上的体验无法满足他们对产品和服务的真实了解程度,所以线下的体验营销就显得十分具有冲击力。和一二线城市相比,下沉市场的线下消费场景比较单一,缺少感染力,所以这就成为打动下沉用户的切入点:让他们从单向的被动的产品信息接收者,转化为主动了解产品并和品牌进行互动的探求者。简言之,让下沉用户在理性和感性的消费需求上受到最大的尊重。

有人觉得体验式营销可能会产生额外成本,不如给用户发几张图片算了。其实,体验式营销并不是非得让你把产品给用户试用,因为体验主要包含着四个因素:客户对产品的第一印象,客户能够感知到产品的功能性,客户能够意识到产品带来的便利,产品能否给客户带来更多的影响。总结起来就是"看、听、用、参与"。说得直白一点,只要你能刺激客户的感官和情感,让他们能和产品发生互动,这就达到了目的。

有一个糕点师傅自制了一种点心,结果没人敢吃,最后他把糕点进行小份包装,给路人试吃,结果深受大家喜欢,生意顿时红火起来。同理,很多电商其实也在搞体验式营销,比如京东的七天无理由退货,虽然有人借此钻了空子,不过对大多数人来说是一个了解产品、触发购买行为的机会。当然，体验式营销只是一种思路创新，不是刻意让你增加多少成本，就拿卖糕点的那位师傅来说，制作过程中总有些边角余料吧？总有些食材要过期吧？与其白白浪费掉，不如让利给路人，说不定就能产生一个忠实用户。

在目前的体验式营销中，常见的有情感体验、知觉体验、行为体验等方式，随着社会的发展和营销手段的升级，现在又出现了美学营销、文化营销以及娱乐营销等新型体验模式，其中最易复制的形式就是沉浸式体验营销。

宜家的沉浸式体验在业界十分著名，它打造的是全方位立体式的体验场景，从视觉上为你营造一个舒适温馨的生活场景，通过艺术的设计和装潢，打造出最佳的视觉效果，让消费者在第一时间获得视觉冲击。在真实感营造方面，宜家选择在专门的样板间进行搭配布置，消费者只要看上一眼就能了解家具搭配的实际效果，就此得出的参考是有价值的参考。相比于其他家居产品，消费者甚至不能摸到实物，而像沙发和床这样注重体验感的商品还面临着"损坏赔偿"的警告。在宜家则完全相反，真正让消费者产生宾至如归的感觉。

目前各个商家采用的体验营销大多不尽如人意，存在着缺乏精准分析、形式单一以及互动性不足等缺点，而这些问题尤其会发生在下沉用户身上。因为商家对他们的了解程度普遍不如一二线城市的用户那么深，更会因为资源分散而减少体验方式和体验细节。针对这些问题就必须进行策略调整。

第一，准确分析目标群体，了解其真实诉求。

下沉用户渴望消费升级，但他们又不会执迷于国际大牌，也不过分看重个性化，这是具有共性的群体画像。所以针对下沉用户的体验营销要有别于一二线城市，不能依靠直觉和经验。尤其是随着下沉加深之后，更要区分出三四线城市、小县城和乡镇地区的具体差别。为了达到这个目的，在体验场景投放的地区内要进行大数据分析，如性别、年龄、职业以及阅历等特征分析，根据不同的用户设定不同的参观体验顺序和偏好内容，才能真正打造出舒适性和优越性强的体验环境。当然最稳妥的方式是进行试测，即在设计体验场景之初就找目标用户进行试验，获得真实的反馈，根据反馈意见进行修改，使之高度匹配用户的消费心理和消费习惯，增加到店停留时间，提高购买欲望。

第二，创新体验形式，丰富展示手段。

再精准的客户画像，也不可能真正代表所有人，因此体验形式越丰富，其覆盖的用户范围就越广泛，虽然这需要一些资源投入，但总比投入在单一形式使获客率提升缓慢要值得。现在一些品牌明明摸清了用户心理，却因为形式上缺乏创新导致其兴趣大减，这种吝啬是得不偿失的。因此，只有在审美和体验上精心打造，运用色彩心理学、灯光布置等具体技术手段，加上贴心真挚的服务，才能同时满足消费者的视觉体验和情感体验，就像进入宜家找到了回家的感觉一样。

在信息爆炸的时代，消费者很容易会对各种营销产生"麻木感"，所以体验营销要紧跟社会变化的脉搏，从产品、设计和布局上进行更新，多采用一些最新的流行时尚元素，在文化体验上加入一些热门话题，这样才能不断给予消费者新鲜感。另外，借助科技手段也是一条新路，比如采用VR（虚拟现实）或者AR（增强现实）等技术为消费者介绍产品，都能让他们获得不同凡响的体验。

第三，提高与消费者的互动性，增强品牌黏性。

体验营销的核心部分是互动，只有互动才能让消费者真正积极地参与到体验活动中。现在一些品牌在设计体验环节时只顾着展示自身的特色，却忘了建立与消费者的互动关系，这就造成了用户和品牌之间的疏离，难以产生情感记忆点，一旦离开体验环境就会失去对品牌的热情。

想要提升体验中的互动性，最好的解决方案是提供个性化的服务。比如一对一的陪伴式讲解，这种比较适合高端品牌（客流量相对较少的店面），能够让消费者在体验过程中获得安全感和情感满足。如果不具备这种条件，也可以采用现场交流、问答、赠送礼品的方式与体验人群进行互动，也能促使他们更积极主动地融入到体验流程中，真切感受到产品和品牌的特点。一旦加深这种印象，就能大大提高其在消费者心中的形象和口碑。

如今已经进入消费升级时代，客户对产品寄予了更多的情感，这些其实都是产品之外的东西，但又和产品无法分割，所以体验才是决定他们是冲动消费还是理性消费的关键。更准确地讲，体验式营销是和客户的心灵找到一个契合点。就拿三只松鼠来说，定位年轻时尚女性消费者，她们喜欢网购，喜欢追剧的时候吃零食，讲究品质，就从印象上赢得了体验式营销的高分。再如漫画形象设计、纸袋包装等，甚至不用免费给客户吃松子、开心果，一眼看过去就爱上了。

体验营销在消费升级的时代逐渐成为商家的重要营销手段，因为它是决定消费者是否购买商品的重要因素之一。当然，一个品牌想要打造成功的体验营销成果，仅仅把注意力放在体验的各个环节上是不够的，还要保证产品和服务足够优秀，毕竟这才是营销的底气与根本。而体验营销只是一种丰富手段，如果本末倒置就曲解了其真正的意义。

2 → 文化感：不可忽视的精神助推力

当那些被忽视的小镇青年成为各大商家纷纷争抢的用户时，一个不能绕过的问题摆在面前：如何占领这些小镇青年的心智呢？其实，不仅是小镇青年，整个下沉市场的消费者都需要商家借助某种力量去吸引他们的注意力，在精神层面产生品牌价值，而这种力量就是文化营销。

文化营销是强调企业的理念、价值观、目标、品牌个性等文化元素，其核心是尊重人、理解人，以人为本，关注人的社会性。在文化营销的影响下，企业对品牌注入一些个性化的文化内涵。

下沉用户和一二线城市的用户不同，他们不是特别在意人生的成就感，而是更看重生活的幸福感，这一点在小镇青年身上尤为明显。针对这一特点，企业对下沉用户的文化营销应该更多围绕亲情、美好、温暖这些内容审美并和自己的品牌绑定，就能向下沉用户传递出品牌致力于让他们的生活变得更美好的理念，从情感上打动他们。

第一，充分发挥文化营销的影响力。

文化的核心驱动力是什么？答案是自信。只有当企业对自己传递的理念足够自信时，才能证明你的品牌和产品是有着文化底蕴的。换句话说，当你足够强势的时候，才能真正影响到消费者，吸引他们的注意力，让他们相信你，毕竟文化影响着人的世界观、价值观和人生观。

在文化营销方面，江小白无疑是成功的，它就是借助强大的自信去塑造消费者的三观。众所周知，白酒是中国文化的精髓之一，它已经融入了社会学、文学、哲学乃至社交礼仪等多方面的元素，不再单纯是一种酒精产品，而是一种带有社交属性和文化属性的特殊饮料。但是，如果一味地延续传统白酒品牌在市场上的影响力，所能辐射到的目标人群会十分有限，毕竟年轻人对白酒的感情和中老年人不同，这是基于追求高度酒精和餐桌礼仪的传统白酒文化在新的历史时期发生变化为背景的。从这个角度看，单纯的传承不是文化营销，真正的文化营销必须具有主动性和求变性，需要和时代的发展和消费者的心智变化相契合。为此，江小白有意刻画的是"符合年轻人酒文化的新型白酒"，于是就诞生了降低辛辣味和个性化的精神，在白酒界引领了一股时尚潮流。当年轻人聚会时，他们会以饮用江小白为展示内心独白的文化符号，甚至当他们独自畅饮时，也会把江小白当成是有共同语言的陪伴者。

影响力的作用点就是改变用户的心智，而江小白让传统白酒进行了一场复兴，虽然酒精度数降下去了，但是醇厚的时尚文化增加了，由此成为新一代年轻人追捧的对象。

第二，通过文化营销在用户心中埋下种子。

一个品牌很难在诞生之处就有明确的目标并建立一套完整的文化内涵逻辑，它可能要随着时代的发展和市场的变化随时调整。同样，用户也并非一成不变，他们也和品牌、产品一起成长。那么在这个变化的过程中就要通过文化营销给予用户"期待"，让用户知道他们为什么需要这款产品，然后让用户知道你可以为他们提供相应的服务。而当客户认为自己具备了购买的条件时，就是你的收获之日。

在很多高校，学生们平时运动穿戴的运动衣和运动鞋，大多是李宁、安踏这些国产品牌，因为太贵的产品他们消费不起。虽然现状如此，但以阿迪达斯为代表的国际品牌依然孜孜不倦地赞助各种高校的体育活动，所以在很多学校的操场上都可以看到这样的景象：学生们穿戴国产品牌的运动服和运动鞋，身后拉着阿迪达斯的赞助横幅和宣传板，这就是用文化的感染力在学生心中埋下种子，让他们知道自己虽然现在消费不起。但这个品牌关于运动的故事依然与他们相关，那么在他们进入社会、参加工作以后，具备了一定的消费能力，往往就会购买那些当年只能看看的品牌，这可以理解为一种弥补缺憾，也是向青春致敬。

播种和收获有一个漫长的等待过程，对于小镇青年来说更是如此，因为他们本身对品牌的认知度就比较模糊，但这个成长期是值得的，因为一旦在他们的心中扎下根，就能起到重要的推动作用，这并非是用理性思考能战胜的。

第三，借助文化营销让用户心为所动。

有时候，打动用户只需要简短的一句话或者一个视频片段，并非需要长篇大论的产品推荐或者连续不断的视觉轰炸。在这方面成功的典范是农夫山泉。农夫山泉曾经在央视打出三分钟的广告，讲述了一个员工在森林中漫步穿梭，目的是寻找最优质的水源。这个没有什么故事性的视频反而产生了打动人心的力量，瞬间拉开了农夫山泉和其他竞品的差距。后来那句"我们不生产水，我们只是大自然的搬运工"更是成为脍炙人口的广告语。

小镇青年也好，其他下沉用户也好，他们都在慢慢朝着消费升级过度，而在这个过程中有一个重要的切入点，那就是让他们意识到购买某个产品不是为了单纯的现实需要，还有一种情怀在里面。换句话说，消费者原本有更多选择，但因为"爱上"某个品牌才选择它，这种简单质朴的情愫才能见证一个品牌真实的文化营销力量。

第四，在文化营销中加入文艺性。

文艺是最具有感染力的存在，它们可以作为内容本身，也可以作为一种表现形式，纵观那些国际知名的大品牌，它们在艺术表达方面都有突出特色。比如卡地亚的珠宝展，采用了让人过目难忘的美术语言做宣传，还有诸如迪奥等众多品牌，都会和设计师、画家进行跨界合作，就是为了在文化营销中加强艺术的占比，为品牌符号注入艺术价值。此外，还有不少品牌通过出书来增加其文学性，比如创始人的自传等。针对下沉用户，可以不必搞得如此大费周章，但至少可以在形象宣传、广告软文上加入文艺性的元素，弱化其商业属性，一样可以起到感染人心的作用。

随着下沉市场的消费潜力被不断挖掘，很多品牌都在盯着这片新蓝海，而在产品和服务差异化逐渐缩小的当下，能否成功植入文化感，让品牌具有接地气的人文生机，就成为打动消费者的关键。虽然文化内涵是一个较为抽象的概念，在转化和变现上需要过程，但只要愿意沉下心去做并耐心等待，自然会有守得云开见月明的那一天。

3 → 用户有话说：少谈历史，多做款式

如何设计一款深受用户喜爱的产品，这不仅是产品经理的必修课，也是主攻下沉市场的必由之路。当然，关于产品种类是否越丰富越好这个话题，不同的行业和企业答案并不统一，但从下沉市场的整体行情来看，单一化、低质量、品牌识别度不高是现实。这就意味着想要打动下沉用户，让他们产生眼前一亮的营销冲击力，把产品线做得丰富一点是没有错的。

一二线城市的用户，常年被各种商家进行营销轰炸，早已经习惯了琳琅满目的商品，甚至产生了审美过载、需求过剩的情况，但下沉市场尤其是小县城、乡镇地区则完全相反，他们日常接触到的可供选购的产品类型有限，当然在线上不存在这个问题，但线上选购是没有体验感的，也不符合一些下沉用户的购物习惯。那么，当品类丰富的产品进入他们的消费生活以后，所产生的营销价值就会

变得不可限量。

总的来看，丰富的产品线具有两大优势：一个优势如前面所说，能够满足消费升级背景下用户的多元化需求；另一个优势是丰富的品类可以筛选、刻画不同的用户群体，毕竟下沉用户的画像难度要高于一二线城市的用户。

如今一些商家在主攻下沉市场时，容易自以为是地把品牌价值的市场作用无限拉高，简单说就是不会安心地设计生产一款产品，而是对既有产品进行文化包装，对下沉用户讲品牌的来历，讲企业的发展史，试图用文化营销的方式一站式地捕获用户，这就走入了一个误区。

虽然我们承认文化营销的商业价值，但前提是产品能够基本符合用户的心理预期，否则文化营销就变成了炒作。对下沉用户来说，当各大品牌进入他们的视野之后，他们想看到的是这些品牌为他们展示强大的艺术设计魅力和工业生产能力，而不是把在一二线市场讲了无数次的历史再复述一遍，这本质上是对下沉用户的不尊重。

广西的瓦塘圩是一个面积192平方公里、位于五线城市贵港市南部的小镇，是下沉市场中的下沉部分。在2003年的时候，以华润、中百、新鸿基、屈臣氏为代表的本土零售商开始和外资商超一决雌雄之际，瓦塘圩依然是杂货铺的天下，似乎不知道外面的世界正在发生风云莫测的变化。不过，随着时代的发展，瓦塘圩的商家逐渐认识到了自己和外面的差距，也通过各种信息渠道了解了"下沉市场"的巨大潜能，于是穷则思变，开始了一场规模浩大的商业进化：诞生了集超市、宾馆、网吧于一体的一站式购物场所，无论是酒水饮料还是食品零售，无论是蔬菜瓜果还是肉禽蛋奶，都能在这里买到，当地居民来到这里就能选购到一切日常生活用品。

大型综合超市的进化速度是跃迁性的，它没有经历从小便利店到精品超市的一般发展阶段，而是直接与盒马鲜生为代表的新零售商超接轨，成为了一站式的购物乐园。这种商业模式的成功，证明了当地居民对品类丰富的商超是极为渴求的。因为在过去他们只能通过逛东一家、西一家的杂货铺去采购日用品，还经常遭遇无货的情况，现在有了售卖丰富产品的场所，不仅满足了居民的需求还刺激了他们的消费欲望。

瓦塘圩就是国内下沉市场的缩影，它表达了一部分用户长期被压抑的消费需求迫切想要得到释放的心理，我们也能就此总结出下沉用户在产品需求方面的痛点：

第一，渴望出现更多的专卖店。

市场上可以有大而全的商超，但也离不开小而精的专卖店，比如专门经营进口奶粉的母婴店，再比如专门经营进口猫狗粮的宠物用品店等，这种专卖店代表的是专业性，而在专业性中潜藏着一个商业属性——品类的丰富。打个比方，你在大型商超里可以买到奶粉，但想要选购更全面的进口奶粉基本无法实现，这时一个母婴专卖店就是最好的解决方案。所以专卖店看起来是"专精"，背后隐藏的是"专精中的齐全"。

第二，渴望对接更多的网购平台。

虽然下沉用户整体上偏向线下购物，但其中的年轻人还是对网购情有独钟，加上一些特殊产品无法在本地获得，那么网购平台的多样性就是满足现实需求的解决方案。自从国家在2008年提出家电下乡政策以后，格力、奥克斯、美的等企业先后响应，从客观上推动了下沉市场物流派送业务的发展。还是以瓦塘圩为例，如今出现了一些销售细分产品（一般商超里没有的产品）的小店面，同时兼职快递代收点。别小看这些"麻雀店面"，它们往往是拼多多、淘宝、快手等线上网购平台争夺的线下落脚点，因为稍加改造就可以变身为新零售店，在下沉市场发挥连接线上的桥梁作用。

从这个角度看，未来下沉市场的物流行业将有进一步的发展空间。因为下沉用户的消费分层会越来越明显，会从线下为主变成双线并行。那么谁能让网购距离用户最近，为他们提供更丰富的物流渠道，谁就可能抓住了商业的大动脉。

无论是专卖店还是物流，体现的都是产品种类丰富与否的问题，这才是消费者真正想要表达的心里话，也预示着一场商业革命即将在下沉市场拉开序幕。

纵观国内的消费市场全局，整体下沉的趋势已经不可避免，而国内的大多数人口恰好集中在这个尚未被完全开发的市场中。只有了解这部分群体，为他们提供优质的服务，才能促进整个国家的消费升级。在这场漫长的资源争夺战中，比拼的不仅仅是品牌和平台的既有实力，还比拼的是完整的、符合现实的用户思维。谁能将自身的商业逻辑优化得最好，谁就能拥有真正捕获并留存下沉用户的可能。

4 → 注意风向：自媒体是新盟友

自媒体和社交媒体的快速发展不仅改变了信息传递和分享的方式，也对商业营销产生了新的推动力，即借助自媒体的力量获得新的声浪，在传统媒体不能覆盖到的范围内捕获新的受众。同样，自媒体在解决粉丝转化和变现的道路上，也有着强烈的需求，而与品牌合作就是最明智的选择。

下沉用户虽然和一二线城市用户一样会通过网络获取信息，却没有后者那样丰富的信息针对性，简言之就是各个网络平台往往只针对一二线城市用户精准投放信息，无论是产品营销还是品牌背书都有侧重性，而对下沉用户往往是比较忽视的态度，不太关心他们的实际需求，在用户画像和分类上敷衍了事。因此，同样看完一条广告，一二线城市用户可能会觉得广告商十分走心，而下沉用户会毫无反应，原因就在于初始策划时就有了明确的靶向标准。

显而易见，在这种营销资源具有倾斜性的环境中，自媒体的存在就十分有价值，它们可以填补市场营销中针对下沉用户的空缺部分，利用它们船小好掉头的优势，机动灵活地帮助品牌捕获下沉用户，还免去了大平台收费高、宣传手段不接地气等缺点。当然，如今自媒体多如牛毛，自身属性也不同，有视频类的自媒体，有图文类的自媒体，还有音频类的自媒体，如何从中选择适合自己的合作伙伴是一个需要认真考虑的问题。

一般来说，品牌方应该从如下三个方面进行考虑：

第一，自媒体的表达属性。

自媒体的表达方式是多样的，不同的形式会给受众不同的感官刺激，像微信公众号、微博、知乎、小红书等以图片文字为主的自媒体，适合从产品的属性、参数、深度分析等角度去宣传，而抖音、快手、B站等视频平台，适合从产品的外观、功能、实测效果等角度去宣传。总的来说，视频表达必然比图文表达更生动鲜明，也符合人们当下摄取信息的习惯，不过很多视频自制方也会同步更新图文类的信息，与这样的自媒体合作就一次打通了多条路径，是品牌方开启营销之路的首选。

表达属性还有重要的一点就是其依托的平台，比如以年轻人、偏好二次元文化的B站为例，玩梗、造梗是他们日常交流的重要方式，如果你的品牌属性较为严肃，无法带入"网感"，那宣传起来就会失去亮点，相反如果你的品牌主打的就是年轻群体，那就可以很容易找到和流行段子、经典动漫挂钩的切入点。同样，以微信公众号为代表的自媒体，适合进行社群营销时转发链接，在熟人社会中有宣传优势。总之，表达方式的重点不在形式，而在平台自身的属性。

第二，自媒体的粉丝群体。

检验某个自媒体的粉丝价值如何，主要从三个方面进行分析：一是粉丝的活跃度，二是粉丝的忠诚度，三是粉丝与产品的契合度。

活跃度可以通过总数量和点赞、评论、转发这些数据的比例去判断，这里需要注意很多自媒体都会购买"僵尸粉"，所以粉丝数只是一个参考数值，要结合其真正参与进来的粉丝来判断，比如一些自媒体搞的线上抽奖转发活动，这些活动的参与热度往往就能暴露出其粉丝活性的真实状况。

忠诚度可以通过评论、弹幕这些反馈信息来判断，当然活跃度高的话，忠诚度通常也不会低，但是忠诚度的重要作用是，当自媒体发布了具有争议性的观点之后，粉丝是默默接受还是奋起反驳甚至粉转黑，这些在营销层面是很重要的，因此判断忠诚度的关键就看粉丝愿不愿意妥协，与博主的心理距离是否足够近。

产品的契合度是变现的关键环节，曾经有美女短视频博主带货化妆品，但其粉丝构成大多数为男性，结果自然无人问津，这就是产品与受众的契合度不匹配，哪怕粉丝的活跃度和忠诚度很高，但面对一个自己无法消费的产品，也不可能进行转化，因此要对产品和粉丝画像提前比对，判断变现价值。

第三，自媒体团队。

自媒体有大小之分，大的粉丝多但宣传费高昂，小的粉丝少但合作成本低，这要根据品牌方的实际预算来决定，但更重要的不是自媒体的名气如何，而是团队的真正实力。在正式合作之前，建议多浏览一下该自媒体的往期作品，看看流量最高的是哪个，争议最大的是哪个，通过分析这些成品就能了解一个团队的创意能力、危机公关能力，这对于想要进行长期合作的品牌方至关重要，因为名气大的更容易树大招风，一旦在内容创作中出现问题，所产生的负面影响也是难以估量的。

如果能长期与实力强、粉丝契合度高的自媒体合作，就可以考虑走"品牌+IP"的内容共建之路，也就是借助自媒体多年积累的声望和粉丝与品牌方绑定，成为"官方"或者"御用"的宣传平台，比如广州长隆自媒体High享会，就和一些旅游品牌共同打造峰会和论坛，极大地提升了社会影响力，线下举办活动拉人气，线上通过微博攒热度，营销效果很好。

总而言之，品牌和自媒体其实都在寻找适合自己的合作伙伴，自媒体的目标是通过品牌来创造商业价值，而品牌则希望通过自媒体来提高自身的声望，双方是在共同利益的驱使下走到一起的，那么如何获得最优质的搭配就决定了其传播营销的结果是否成功。当然，下沉市场覆盖面很广，不同地域、不同层级均有各自的玩法，所以不能按照现有剧本无差别移植，而是要根据实际情况作出调整，才能让合作双方的利益最大化，效能最高化。

5 → 做用户先做应用场景

如今,场景营销的时代已经来临,这是消费升级后产生的新变化:当产品和场景同时出现时,才能对消费者产生真正具有引导性的消费刺激作用。那么在下沉市场,场景营销是不是也同样行得通呢?

可以肯定的是,随着经济的发展,下沉用户之间出现消费分级是不争的事实,即部分人依然停留在性价比第一的消费理念上,还有一部分人开始向一二线城市看齐,注重消费体验。这个需求升级是基于现实的,毕竟任何一种产品和服务都要基于现实中的某个场景,脱离场景去谈产品和服务,就无法让消费者产生身临其境的感觉。

同样,商家想要全面、细致地展示自身产品和服务的优越性,也需要适配的场景来衬托,这就是宜家为什么能够吸引消费者到店感受的根本原因。除此之外，下沉市场的部分用户对实体店的依赖，恰好也可以发挥场景营销的优势，通过线下门店的装修和布置，进一步激发消费者的购物意愿，为他们打造一个沉浸式的、体验式的、口碑式的场景营销环境，由此获得的信息反馈也更加真实、适用和具有时效性，对商家构建和优化品牌营销也有积极的推动作用。

现在很多企业不再是以产品制造为中心了，而是以客户运营为中心。当然，谁都知道洞察客户需求是重中之重，但问题在于怎样去洞悉用户的心理，其实最简单的办法，就是先锁定用户的使用场景。

试想一下：一杯拿铁咖啡，一个靠背沙发，一个iPad，这就是很多人使用平板电脑的场景。那么你能从中发现什么呢？平板必须能够单手操作，这样方便用户边喝咖啡边浏览，平板的可视角度要大，因为用户可能是瘫坐在沙发上看……你看，平板电脑该有的功能，其实不是凭空想出来的，而是和所在场景直接关联的。

当你能够精准还原一个应用场景时，就能清晰地捕捉到用户的实际需求。同样，这种思路也能帮你去了解下沉用户的实际需求和潜在需求，因为只有当他们发现你已经考虑到他们的各种需求时，才会认为你的产品更加人性化。

准确地还原场景，不仅需要生活阅历，也需要想象力，二者缺一不可。生活阅历是你的直接体验，只要能真实地反映出一个场景，就能折射出用户的需求。但是，你不可能对每个产品都有使用的经验，比如孕妇装对男性，比如剃须刀对女性，这就需要你借助想象力去完成，当然，如果你觉得想象力有限或者存在风险，也可以通过咨询身边的人去获得。总之，你还原给用户的场景要真实可信。

关注用户的生活，就要进入用户的生活，熟悉用户的场景，才是驱动产品诞生和改进的动力。比尔·盖茨是一个左撇子，所以他才能在windows系统中加入鼠标左右键互换的功能，如果你既不是左撇子又没有考虑到这个人群，你设计的操作系统就会被认定不够人性化，这都是缺乏场景思维造成的。

既然场景营销如此重要，我们该怎样去构建一个符合消费者需求的场景呢？

所谓场景，就是人们工作和生活中的多种情景，消费者正是通过这些情景来认识产品的，而场景的差异化会直接决定消费者对产品的直观感受和记忆点。打个比方，你在一家路边摊吃饭，一边吃一边吸收过往车辆排出的尾气，其直观感受必然是糟糕的，回忆也是不堪的，但如果在一家环境优雅、卫生达标的高级餐厅就餐，即便吃的是同样一道菜，带来的感受和记忆也截然不同。因此，场景营销必须采用场景化思维来设计，在营销中注重满足消费者的场景价值需求。

第一，以用户为中心思考。

想要营造良好的用户体验，就要从用户的角度出发，设计一个完整的场景，在场景中对产品赋予生动化的意义。比如在卧室场景中，用户渴望的是温馨和舒适，那无论从装修还是家具设置上都要符合这些需求，你的产品要以此为中心设计功能，比如运行时保持低噪音、操作简便（人在卧室中通常不会保持高度注意力）等，此外还要在品牌内涵上体现出家庭和睦、情感交融等文化因素，只有在洞悉并满足了这一系列要求之后，才能真正构建出一个符合用户生活形态和价值观的场景。

从用户的角度出发，前提是足够了解用户，所以在设计场景之前要对用户做画像调查，分析用户的生活习惯和消费习惯，然后真实再现用户的生活场景，才能将产品完美地嵌入场景之中。针对年轻人，他们渴望自由解放和个性化，那么场景中就可以加入一些自主元素，比如模块化的设计（自由组合家具、多种可选颜色等），同样你的产品也要符合年轻人的审美追求，不能与场景格格不入。为了更好地进行场景营销，也可以针对用户的潜在心理结合节日营销，比如"情人节"推出情侣款的居家服，场景是粉红色的精致卧室，再比如针对单身一族的"双十一"，产品是多功能的电饭煲，场景是装修时尚个性的厨房。总之，对用户的需求分析得越透彻，产品就越能贴合他们的实际需求，其构建的场景就越有营销的感染力。

第二，以用户的刚需为出发点。

有的商家并不害怕做场景营销，因为他们认为自己可以"脑洞大开"地设计多种天马行空的场景，然而这种放飞自我的想象力是不会有实际营销效果的。比如针对中老年人的单人生活场景设计，虽然符合一些人的生活现状，但并不符合他们的本意，因为很多人潜意识里排斥孤独终老的人生宿命，因此在设计语言上要尽量回避这些元素。同样，针对男性一味地用"阳刚"这样的宣传词汇也未必明智，毕竟一些男性也渴望中性的甚至女性化的产品设计语言，并不想给自己立一个"猛男"的人设。综上所述，不经过调研和分析的需求可以理解为"伪需求"，还是应该从刚需入手。

为什么专车、顺风车能成为现代人的出行需求呢？因为交通路况和工作压力，让人们可能会出现没有公共交通资源或者个人交通工具可用的场景，但出门工作、应酬、办事是不可避免的，这就是刚需，围绕这个刚需可以构建一个虚拟宣传场景：雨天，主角在路边打不到车，也搭不上公交车，此时手机中如果有相关的打车软件就能解决燃眉之急。当然，这是个虚拟场景，因为无法在线下搭建实景，但起到的营销效果是相同的，这就是将需求场景化，而非直接打出一则广告语配上一个打车软件的截图，这对用户来说丝毫没有代入感。

第三，依托场景预测用户行为。

从大数据的角度看，用户每时每刻都在产生新的行为，其中一些行为是重复性的，是在商家的可预测范围之内的，比如吃饭和睡觉，还有一些行为是突变性的，比如一个单身的用户忽然决定结婚了，其现实需求必然会发生变化，这种行为很难被商家及时捕获，但是可以通过场景营销去修正。打个比方，你设计的办公用品场景是基于写字楼里上班的，但是有居家远程办公的用户过来，经过体验后发现并不能完全契合自己的需求，销售人员通过交流了解用户的实际需要，接下来进行调查走访和数据分析，就可能获得一份某地居家办公人群画像的调查报告，进而设计出符合家庭办公需求的全新产品和场景搭配，而这些信息是传统广告模式无法获得的，只有在场景营销下才有挖掘的可能，而这正是促进商家完善产品线、细分客户群体的绝好机会，也能充分借助大数据的算力来完善商业布局。

从宏观视角来看，目前国内在进行结构转型升级，场景营销也是一种必然选择。因为伴随着消费升级观念的普及和消费能力的提升，单一广告所能产生的营销价值逐渐变小，加上线下智能设备的大量铺设，可以对消费者进行线下行为的精准定位、识别和追踪，也为场景营销提供了大量的入口和数据，而对于下沉市场，这是商家进一步精准刻画用户画像的绝好时机。相应地，在互联网营销中，很多媒体和广告资源都开始朝着移动端迁移，而移动端的背后就是一个个场景：家中，办公室里，地铁上……每个场景都能切入不同的产品和服务。试想一下，消费者在办公室中收到一条按摩靠垫的推送广告，关注的兴趣自然就比躺在家中要更强烈，因为他们在这个场景中最渴望的就是有限度地放松身体，因此随着大数据技术的不断完善，通过精确定位目标客户推送广告的方式会得到普及，而这同样符合场景营销的范畴，只不过此场景不是由商家自己搭建的展示型场景，而是用户实际体验的现实场景。

场景营销是需要不断摸索和改进的营销方式，因为随着时代的发展和社会的变化，用户的需求并非一成不变，昨天的奋斗青年明天就可能信奉躺平主义，产品和服务自然也要跟上新思潮的出现，而场景也要与之相契合，毕竟用户的消费行为都是在特定的场景下进行的，他们会在适当的场景中释放出对产品更饱满的爱和更强烈的获得欲。只有打通这条需求通道，才能建立起良好的互动关系，最终形成与用户之间的超强黏性。

6 → 小镇青年养成攻略

当越来越多的商家涌入下沉市场之后,一个值得思考的问题随之出现:进入下沉市场是一种无奈的选择还是新的商业布局。同意前一种观点的人认为,是一二线城市缺乏增量市场才让商家才不得已进入下沉市场;同意后一种观点的人认为,即便一二线市场仍然有利润空间,进入下沉市场也是一种主动的战略选择,因为下沉用户的消费能力正在逐步提升。

事实上,早在2019年的时候,京东数字科技集团就发布了一篇名为《基于京东大数据的中国消费市场研究报告》。报告显示,低线级城市(下沉市场)的消费总额增速明显高于高线级城市(一二线城市),其中四五线城市的消费总额增速超过其他线级城市。另外从整体消费走势来看,县域消费总额一直领先于京东平台整体的速度增长,而且差距在不断拉大,只不过在消费结构方面仍然有改善的空间，这样从侧面证明未来还有巨大的消费升级潜力。

根据报告可知，针对下沉市场应该提高供给的质量和效率，打造全新的消费业态模式，这样才能不断满足下沉用户的消费需求，推动下沉市场的健康发展。从宏观的角度看，下沉市场货真价实地存在着商机，而非一二线市场饱和后的被迫选择。

当然，下沉市场的构成较为复杂，笼统地做出一份市场攻略是不科学的，所以商家应该将主攻的重点放在用户孵化上，而在这方面最有投资和变现价值的就是小镇青年。

之前我们探讨过，小镇青年是曾经在大城市工作生活过的，他们虽然知道大城市机会更多的道理，但他们不得不面对一个残酷的事实：随着年龄的增长，父母正在老去，而在成家立业之后，子女的求学就业问题也将成为更大的难题困扰着他们，所以一部分年轻人在积累了部分资金之后选择返乡创业，回到父母和子女身边，而这就成为他们在下沉市场消费的开端。

我们可以大胆预言，未来十年，小镇青年将成为消费市场的主力军。根据相关数据预测，到2023年，三四线城市的居民消费将达到45万亿人民币，这个预测展示的正是小镇青年的消费之力在崛起。

关于小镇青年的消费行为，可以大体总结出如下特征：消费力暴发、消费升级趋势显著，同时具备品质消费、体验消费、女性经济、透支消费以及攀比消费等多方面特点。在互联网经济的催化下，小镇青年的消费能力和消费水平都在突破原有的界限，而这些特征和变化都在不断贴合一二线城市的年轻人，从某种意义上讲，针对小镇青年的营销方案更容易制定一些，因为可以移植部分针对一二线城市消费者的策略，这对于商家的市场布局和用户策略制定都是有好处的。

通过调研发现，下沉市场中的三四线城市，对于小镇青年消费力提升给出了正面的市场回应，比如广西省北海市的侨港风情街有一家名为"越乡小厨"的网红店常年火爆，同样在贵州省的毕节市黔西县，文峰步行街上的各类商铺都有着不错的客流量，它们都打破了单一线下经营的模式，在线上有自己的宣传渠道，还提供外卖服务，紧跟时代潮流。

从商家的角度看，趁着"互联网+"的影响力尚未消散之前，应该抓住时机借助互联网经济的带动作用和延展作用，在城市经济的区位差异和认知差异缩小的环境下加快对小镇青年的用户养成，往往可以获得事半功倍的效果。

第一，针对超前消费的倾向入手。

根据相关数据显示，有70%的小镇青年都是月光族，剩下的30%的小镇青年入不敷出，也就是经常性地贷款消费，这证明了小镇青年消费潜力日益增大的事实，尤其是位于京津冀、长三角、长江中游的这些三四线城市，而这些地区自然就是培养种子用户的最佳场地。作为商家，可以合理地推出分期贷款等超前购物模式，摆脱传统的"一手交钱一手交货""买定离手"等观念，才能精准击中小镇青年的消费痛点。

第二，针对好奇心入手。

由于小镇青年在一二线城市闯荡过，所以他们对新鲜事物的捕捉意识更强，曾经有人调查过小镇青年的购物车，发现其中的标准化商品并不多，反而是那种猎奇的产品比较多，比如一些古怪的玩具、文具和一些小众化的家电产品等，特别是近几年流行的盲盒，这些都证明了小镇青年更愿意和时代接轨，所以一旦有新品发布时他们都会抢先体验。作为商家，就要在产品设计和渠道引进时抓住这一特点，不必把产品的实用性放在第一位，而是多注重新猎奇性。

第三，针对情感需求入手。

小镇青年因为回归了故土，和一二线城市的同龄人相比，他们有父母和子女陪伴在身边，所以会产生一些"情感消费"，比如给父母购买的健康营养品，给伴侣购买的贴心日用品，给子女购买的早教产品等，核心就是突出"家庭"这一概念。作为商家，打造"家庭账号"拉动消费就十分契合这种心理。

第四，针对健康需求入手。

由于小镇青年承受的工作和生活压力较小，所以他们有更多的时间进行养生、健身等活动，这意味着他们在选购产品时更关心健康问题，作为商家在设计和宣传产品时就要抓住甚至制造这一卖点，因为这代表着下沉市场未来的产品和服务走向。

第五，针对女性经济入手。

女性经济主要是指未婚女性热衷于投资自己的消费心理，这主要体现在三四线城市中的单身女性群体，她们更追求品质生活，比如在运动消费上，女性用户的参与度甚至超过男性，因此在下沉市场主攻这一类别的产品和服务会捕获不少女性用户群体。

第六，针对攀比消费入手。

尽管小镇的消费水平和一二线城市存在差距，但他们在手机、旅游等方面存在着明显的攀比心态，尤其喜欢晒照片、晒定位等社交行为，但因为经济条件的限制经常会选择透支消费，作为商家要合理利用这种心理特点，即在不违背基本商业道德的前提下刺激小镇青年的潜在消费欲望，拓宽利润空间。

总的来说，一二线市场有自己的发展前景，而下沉市场也有自己的独特之处，商家必须思路开阔一些、格局放宽一些，才能在下沉市场找到属于自己的生态位，其中小镇青年将可能成为高增长的拉动点，这符合他们敢于超前消费的经济能力，也符合当代社会年轻人心理变化的趋势，自然，一部操作实用、内容翔实的养成手册，就可能成为捕获小镇青年的关键道具，也是撬开下沉市场的最佳切入点。

第六章

CHAPTER SIX

下沉进化论：
忘掉以前的打法

1 → 小店面的"换头术"

下沉市场的潜力暴增,已经使其成为很多人眼中的蛋糕,无论实力如何都想过去分到一块最大的。于是,一场比拼下手速度的大战开始了。虽然我们承认先下手为强,但不懂得方法和要领的出手快很可能是翻车也快。更重要的是,一部分商家似乎狭隘地理解了下沉市场的含义,只盯着消费能力和消费心理与一二线城市最接近的三四线城市,却忽视了体量更大的县城和乡镇地区。实际上,县城和乡镇地区才是真正展现向下攻坚能力的地方,因为这里的人口基数更大,未来的市场增量有着无穷的潜力。

目前,中国的县域经济在不断发展,县域商业体系也在逐步完善,必然伴随着新的商机出现,那么如何打通县域市场的销售渠道呢?从战略规划的角度看就是增设一个又一个的"桥头堡",即位于县城乡镇的实体店。当然,这里所说的实体店不是那种传统的小卖店、小商铺，因为随着互联网的发展，县城乡镇地区的消费者也了解了外面丰富多彩的世界，使得他们的审美从单一走向多元，那种老式店面是无法对他们产生足够的吸引力的，选择它们不过是环境所迫，所以这些实体店亟待转型升级，否则不仅吃不到下沉市场的红利，还可能惨遭市场淘汰。

有人会质疑：转型升级谈何容易，何况这些乡镇实体店延续了几十年甚至上百年的经营模式，如果没有明确的方向是很难选对进化道路的。其实，只要抓住县城乡镇消费场景的几个关键词即可。

第一，店面的年轻化和时尚化。

赚年轻人的钱，这几乎是所有商家心照不宣的事实，因为年轻人消费欲望高，高收入群体有消费能力，中低收入群体有贷款习惯，这些都能直接拉动消费增长点，因此店面的属性要变成年轻化的，风格也要变成时尚化的。具体的做法是，从实体店的运营思维开始，朝着年轻人特别是小镇青年这个特殊群体靠拢，关注他们关注的流行文化，比如出现了爆款的网红产品之后，可以直接进货或者从中模仿，让自己的出售的产品符合当下年轻人的口味。同时，店面的装修和布局也要追赶潮流，无论是场景设计还是颜色搭配都要符合年轻人的审美，在这方面可以向一二线城市的网红店面学习。除此之外，还要注重提升店面的个性化，比如有辨识度的牌匾和门帘，有设计内容的门店标识等，让年轻人一眼就能记住，便于在熟人之间进行介绍和传播，增强社交裂变属性。

打个比方，如果你在乡镇地区开了一家早餐店，从食品包装上要向流行美食文化靠拢，为了制造营销效果可以通过抖音快手这些短视频平台推广，让当地年轻人将其视为打卡点，从而产生裂变营销的效果。当然，一次的热度是不够的，要不断创造出新鲜感，增强话题性。比如针对年轻人推出"失恋早餐"，听起来有些"不吉利"，但这很符合年轻人对"丧文化"的理解和追求，只要适度炒作就能引起一部分年轻消费者的好奇。总之，尽量不要立"百年老店"的人设，除非你真的能担负起这个称谓，越和时代贴近越能延长生命周期。

第二，店面的感知性和体验性。

消费升级，不仅仅是产品上升了档次，更主要的是在消费的过程中"体验感"得到了加强。当然，"体验感"是一个有些主观的概念，但大体上可以理解为一家店铺给消费者的直观感、氛围感和代入感。打个比方，如果你开的是一家美妆店，那么可以在店面中设置美甲专区，用较为低廉的价格吸引女性用户装饰指甲，也可以增设一些进口香水的体验区，利用香味来营造一种高级感。除此之外，还可以设立一些美容护肤的深度体验区，设定合理的价格吸引用户尝试，朝着一二线城市的高级美容场馆靠拢。

体验感还有一个重要构成元素就是"沉浸感"，简单说就是一进入你的店面会产生流连忘返的感觉，这就需要一些视觉上的设计，比如为店面设置一个主题——日韩风、欧美风或者民国风等，配套的装修和道具也不能丢，这样虽然会过滤掉一部分人群，但也能快速筛选出目标用户，加大刺激她们消费的欲望。

第三，店面的卖场化和商超化。

虽然我们承认一些百年老店的极简风格很对一部分消费者的胃

口，但前提是你要真的具备百年老店的资历，否则这条路就不适合你。实际上，如沃尔玛这样的大型连锁超市之所以能通吃大城市和小乡镇，还是因为这种大型商超的集成化产品陈列很有视觉冲击力，也符合消费者快速选购到心仪产品的需求。所以，如果你的实体店类型是综合性的销售场所，就要在产品陈列上保持拼分类科学、品类丰富的特点，这样一来，可选的产品越多，下沉用户对价格的敏感度也会下降，因为在多元化的产品群中总能找到符合他们现实需求的。

当然，在县城乡镇打造一个类似卖场的实体店需要较高的资金投入，因为这涉及到了场所的布局是否合理、装修是否国际化、服务是否能满足于大部分消费者等元素，但不要忘记，这只是从模块上效仿卖场和超商，并非是真的打造一个大型卖场，毕竟县城乡镇的消费人口有限，我们只不过是让中小规模的实体店看上去更加规范化，要在有限的空间内切割出不同的功能空间，要融入产品的展示性、购物的服务性和消费的娱乐性，这样才能全方位地吸取人气。

回头来看，下沉市场是流量洼地，这里有一二线城市商家截取不到的消费资源，但这块地并不好走，因为要转型升级的东西很多，要做出的战略部署和理念颠覆也很多，如果不愿意走出舒适区，就只能延续传统经营模式，在各方外来力量介入之后，必然会逐渐丧失对用户的抓取和留存能力，只有积极主动地改头换面，才有机会迎来明媚的春天。

2 → 大卖场的"包装术"

在新零售成为线上和线下相结合的新经营模式以后，互联网巨头们纷纷开启了和线下商超合作的共赢时代，借助各自优势，在不断优化产品的前提下满足消费者的多元化需求，探索出了一条颠覆现有商业格局的新路。那么问题来了，在下沉市场中，是否也应该打造新零售模式呢？

答案是肯定的。

2021年6月，京东到家在国内签约了大约30家超市百强和区域龙头商超，目标直指下沉市场。同样，阿里巴巴也把线下商超看成是新零售战略的重要一环，纷纷和众多地方龙头零售企业建立战略合作关系，通过持续孵化社区商业平台等模式攻占下沉市场。既然互联网巨头已经在布局，就足以从侧面证明新零售进驻下沉市场是大势所趋。

从下沉用户的消费心理来看，他们对一二线城市的某些营销模式并不排斥，只是在品牌认同、价格策略上存在观念分歧，而新零售作为一种结合了线上和线下共同优势的新业态，具备了打动下沉用户的基础，因为无论从模式创新还是性价比上都会超过传统商超，这意味着下沉市场的大型卖场可以直接升级为新零售模式。

虽然新零售的理念存在一定争议，但有一条意见得到了业内的普遍认同，那就是"以消费者为中心"，而这种精细化的运营策略特别适合新商家攻占之前并未触达的下沉市场，因为它的战略思维能够在最短的时间内拉近和消费者的心理距离。借助下沉用户的画像，经过包装升级之后的新零售卖场可以更精准地定位消费者的需求，在新的市场发挥抢滩登陆的重要战略价值。

当然，有人会觉得大型卖场的投入成本和经营风险高于之前提到的零售小店，但不可否认的是，零售小店想要建立新零售模式并不容易，因为其结构和属性就决定了只能通过线下创新的方式提高留客率，对于那些想要以质取胜的商家，大型卖场的攻城略地更能稳固市场份额，也有利于和互联网巨头建立长期合作的关系，不过也要为此强化多种营销手段。

第一，精确定位目标人群。

前面我们提到过，下沉用户是一个宽泛的概念，在制定具体营销策略时必须精准画像，把三四线城市和乡镇、农村地区区分开来。而新零售模式恰好具备捕获客户的优势，因为它可以通过大数据分析调查固定区域内消费者的年龄结构、文化层次以及经济收入等，然后根据各自的偏好匹配恰当的产品和服务，这比上门调查更加省心省力。如果你布局够早，甚至在卖场开张之前就可以对附近商圈的人群进行数据分析，然后从中筛选高价值目标客户，将其转化为新零售平台的流量入口。

传统的商超只能大致根据地段繁华程度、人流量和粗略的客户画像分析等手段获客，但随着互联网时代的到来，一些思想比较前卫的小镇青年更喜欢线上购物，那么他们的行动轨迹和消费偏好就很难通过线下来获取，而新零售可以结合线上大数据分析，了解他们最近关注和谈论的话题是什么，他们身边的朋友都消费了哪些产品和服务，通过线上营销的方式拉动他们到线下消费，完成新零售模式的闭环。

第二，打造供应链优势。

攻占下沉市场只靠一己之力是很难完成的，和各方巨头合作才有更大的胜算。以国美为例，它们的新零售店通常会和地方销售排名前两位的家电卖场合作，所以要想和这种量级的销售平台合作，就要有与之谈判的资本。当你符合这个条件后，国美会为加盟商提供"品牌+供应链+数据+运营"的全方位经营和管理服务，简单说就是和国美的直营店共用一套技术系统，以店面运营为基础实现终端纯零售，凭借连锁快速复制的特性实现规模化。

当卖场具备了供应链优势以后，就能更好地推动线上线下一体化进程，最终完成线上店铺和线下店铺终端结合的根本目标。基于这种认识，商家就要明确自己需要的是一整套互联网工具，如人工智能和大数据等，所以和掌握相关技术的合作方建立战略同盟，才有机会打造供应链优势，形成对竞品的碾压之势。目前，下沉市场也有不少卖场通过与国美合作，增加了商品品牌和型号，在统一配货的有力保障下，大大减少了库存成本。

第三，发挥大数据分析优势。

虽然在定位目标人群时我们提到了大数据分析，但想必仍然有人会低估大数据分析的价值，因为他们会陷入到"熟人关系社会"这个思路中。诚然，下沉市场可以通过意见领袖去带动营销，提高转化率，但我们也要承认诸如小镇青年这样的群体并不完全受熟人关系的影响，他们依然保留了个性需求，毕竟他们见识过一二线城市的高质量供给优势，普通商品和服务很难满足他们，而老熟人也无法精确洞悉他们的消费需求，这时就要通过大数据去重新认知下沉市场，了解那些和整体既存在共性又存在显著差异性的群体，比如接近一二线城市的消费观念、需求品味和购买能力等。之所以将这一部分群体用大数据抽离出来，就是为了不断细化下沉用户的内部分级，同时不盲目以"熟人社会"为唯一营销准则，建立灵活性的下沉市场攻略思路。

不可否认的是，小镇青年的存在会无形中带动一些本地青年朝着一二线城市用户的消费理念看齐，因此在他们身上会呈现出和很多传统下沉用户相悖的特点，那么经过新零售模式改造的大型卖场，就要针对这个特殊群体制定营销策略，最重要的是不断积累大数据信息，从中预估和判断他们未来的变化方向，才能以不变应万变。

下沉市场的大型卖场因为辐射人群更为广泛，所以在营销策略上需要更高水准的操作手法，其投入和运营的成本都有很大差别，具体如何选择要根据自身实际情况而定，不过有一点可以肯定的是，过去那种仅仅依靠产品就想招徕顾客的时代已经过去，线下卖场不再是单纯的商品交易场所，而是将消费体验性和社交属性融为一体的多功能场所，这个场所中不仅有丰富新奇的产品，还有针对消费者定制的应用场景，可以最大限度刺激下沉用户的消费欲望，让他们在厌倦了老旧卖场的画风后感受到新时代的商业进化潮流，从而帮助商家抓取有价值的客户群体，在下沉市场稳固地建立滩头阵地。

3 → 别急，先复制一个"皇冠网店"

和一二线城市相比，下沉用户的到店消费频次更高，主要是受到交通成本低（区域面积小），物流配送速度、传统购物习惯等因素的影响，但如果把"下沉用户喜欢线下购物"当成一条营销准则去实操的话，那就走入了误区。

前面我们提到过，通过熟人带动、优惠刺激等方式引导下沉用户去实体门店消费，其前提是时间成本、交通成本等客观有利条件，但如果相同的优惠力度摆在他们面前，相信更多的人还是喜欢线上消费。实际上，只要在下沉市场经营过实体门店的人都深有体验：线上的网购平台一直是实体门店的头号敌人。虽然近几年随着新零售概念和业态的构建正在慢慢拉动人们回归线下，但从整体趋势上看，消费者对线上购物的倾向性还是很强的，尤其是以小镇青年为代表的年轻下沉用户群体。

正是这种现状，决定了实体门店的流量获取已经进入瓶颈，即便是下沉市场也是如此，只要网购的总成本低于线下，那么一部分人还是愿意花费几天的等待从线上购物，这体现的不是一种依赖性，而是倾向性。换句话说，如果没有线上争夺客户资源，让消费者重回实体门店还是有很大希望的，但我们都知道这是不可能完成的任务，既然事实如此，我们何不尝试更换一种思路呢？那就是用经营网店的思维去改造实体门店，使之成为一个有线下实体的"皇冠店铺"。

对实体门店来说，最高的成本不在营销，而是店铺和人工成本，这是它的必然短板，但实体门店的存在价值是提升顾客的体验感，增强顾客与商家的黏性，这又是网店难以做到的，因此实体门店不能放弃，通过它来体现品牌的服务能力和服务态度，但同时要用经营网店的思维去获取流量。

第一，以客户为中心，提升品牌的价值感。

传统的实体店一旦接待新客户，销售人员往往会向客户介绍自家的产品和服务有多么出色，看似在揽客，但这种思维还是产品思维，就是从产品的角度营销，而互联网营销所推崇的是用户思维，从客户的角度思考问题。打个比方，如果你开设了一家儿童摄影店，不要向孩子的家长介绍你提供的拍摄服务有多高的价值，因为摄影并非刚需，而是要向家长展示自己还可以提供休闲娱乐、儿童早教等附加服务，可以让孩子在家庭和学校之外获得新的社交空间，这样就满足了家长给孩子提供娱乐、社交机会的愿望，这就是站在对方的立场考虑，自然就能捕获到更多的流量。

第二，以流量为标尺复盘经营策略。

传统的实体门店，考虑的从来不是流量，而是成交率，也就是说到店的人次不重要，谁掏钱买了东西才最重要。从过去的时代看倒也没错，但如果从用户孵化、品牌宣传等角度看，这又是一种落后思维了，因为今天不消费的顾客不代表明天不消费，只要到店就是货真价实的流量，就存在着一定的变现价值。相比之下，网店会考虑更多因素，如访问量、下载量、注册人数等，会通过大数据分析这些人群，然后精准投放相关的广告，绝不会嫌弃每一个暂时不消费的用户。

如果借助互联网思维去经营实体门店，就不要一门心思地逼着顾客成交，而是要通过对方来实现品牌形象传播和用户裂变，否则一旦丢失一个顾客，潜在损失的是其背后的一众社交关系，因此在面对新顾客时，要以拉近关系、提升黏性、强化服务感知为重点，不要急于推销，而是多介绍产品选购知识和品牌文化，营造出一种轻松和谐的购物氛围，这样即便顾客最终没有消费，也会对门店产生较为深刻、良好的第一印象，这时如果索要对方的联系方式就容易很多，在搭上这条线之后，就有机会将对方转化为一个传播和裂变的渠道口，将其身边的潜在客户用优惠、打折、礼包等传统揽客手段吸引过来。

当然，这种流量至上的经营方式，短时间内可能看不到效果，但如果积累的潜在客户从100个人上升到1000人的时候，增长空间就有了，成长的后劲儿就会越来越强。

第三，看重过程导向而非结果导向。

传统实体门店的经营者更喜欢看直观的业绩收入，同样考察店员的指标也是业绩，但这时典型的结果导向思维，如果以此为最终目标，会让你在执行的过程中发生形变，也就是俗话常说的"为了目的不择手段"，这种枭雄思维并不完全适用于市场营销，很可能会给你的品牌形象带来负面影响，对长期发展不利。

凭借这种新思维，在管理实体门店时要以流量的增长为主要考察目标，对那些捕获流量能力强的店员要足够重视，不能因为他们今天的成交额不够而予以惩罚，要提高他们结交新客户的热情，不要拿KPI天天卡着他们的脖子，这样的实体门店只能走回到传统经营的老路上。同样，在精细化管理方面，为了增强线上营销的能力，要设定专人负责经营品牌或店铺的线上社交账号，增强其活跃度和存在感，毕竟流量变现更多地依赖线上。另外切记：能够在线上完成的营销工作不要放到线下，因为现在人们都很懒，都希望足不出户就能解决实际问题，所以线上流量池的维护就需要专人负责，这样才能保证多个获客入口的正常运行。

实体门店的走衰，并不代表市场真的萎缩了，而是流量的路径发生了变化。对于进攻或者固守下沉市场的商家来说，明确"顾客在手机里而非大街上"是重要一步，它能让你看清现代人消费习惯的转变，这种转变是否存在可逆性尚不得知，但在给出乐观答案之前，还是建议走线上和线下互相协同的经营策略，虽然会由此产生更多的成本，但也为自己的未来增加了一道保险。

4 → 社群营销：批量转化工具

借助互联网思维在下沉市场打响一场客户争夺战，是目前很多商家重要的营销策略，其中最符合下沉市场特点的就是社群营销，它并非是一个点对点的用户转化工具，而是一个批量的获客工具。

传统实体门店在获客方面往往喜欢做线下沙龙，这对于一些需要现场体验的产品来说不可或缺，比如汽车、家具等，但除此之外的产品则不必通过线下拓客的方式去营销，一来投入的成本增加，二来不符合当今消费者"足不出户"的新消费习惯，而社群营销就是将这部分流量做大的重要工具。

社群营销是打造私域流量的新手段，私域流量的核心逻辑是自己修建一片"鱼塘"，然后按照自己的节奏和方式去做营销，这对于那些非快消品来说尤为重要，因为客户可能不会天天过来消费，但需求则一直摆在那里，只有搭建好鱼塘，才能随时随地了解潜在顾客的动向，保持商家和顾客的黏性。

需要注意的是，下沉市场的社群营销和一二线城市不同，要尽可能地创造用户到店消费的机会，只有这样才能提高转化率，发挥下沉市场"交通成本低""到店意愿较高"等特点，当然前提是具有一定的吸引力，否则客户还是会停留在线上。

网络购物的确对实体店造成了不小的冲击，但是新零售的出现却又告诉大家线上和线下相结合才是双赢。同理，作为网络营销的社群零售，也不过是一种销售手段，并非只局限于线上，它要解决的核心问题是：如何把陌生人变成朋友然后再变成用户。

如何缩短这个转化过程呢？我们可以通过社群内的话题讨论和集体活动去强化，但这仍然需要时间，因为线上存在着天然的距离感：我看不到你，也无法直接看到你的产品。想要克服这个障碍是需要下功夫的，而唯一的捷径就是通过线下，这就涉及到一个关键词——LBS。

LBS的英文全称是"Location Based Services"，翻译过来就是基于位置的服务。它是借助定位技术获取定位设备当前所在位置，然后凭借移动互联网向定位设备提供信息资源和基础的服务。形象地解释一下，就是你在撒哈拉大沙漠里口渴了，商家定位了你的位置，然后空投给你一瓶清凉的矿泉水，这就是LBS。

对于一些社群的管理者来说，LBS似乎和自己没什么关系，这好像是线下营销该做的，我们只是在网上卖卖东西嘛！要是这么想就错了，LBS只是一种应用手段，和线上还是线下没有必然关系。事实上，社群零售为用户提供LBS服务是一种时代的必然，因为用户的消费需求在升级，而利用LBS就是从线上转移到线下，延长服务半径，增加社群零售的竞争优势。

新零售为什么被认为是有前途的？是因为它十分看重"场景"，而场景、IP又是社群构成的关键要素，所以通过社群提供LBS，就是把用户从线上定位到线下，让他们知道你的产品就在他们身边，而最常见的打法就是到店签到。

到店签到，就是鼓励用户去他们方便到达的门店签到，然后获得一些小礼品或者优惠券之类的东西，强化和用户的线下关系，这样做有四点好处：

第一，增强用户的黏性。

既然选择了和线下结合，那么在筛选社群成员的时候只能是同城（镇）。听起来好像是范围缩小了，但是客户定位却更加精准了，因为同城（镇）到店签到具备可行性，他们的购物倾向往往会更突出，开展到店签到的活动，偶尔推出一些小赠品或者大额度的优惠活动，很多人都会忍不住去参加，一来二去，就和社群的交互关系增强了。

第二，节约营销成本。

很多商家做社群营销担心自己手头没有多少资金，搞小规模的活动尚且吃力，更不要说做大型的推广活动了，因为这涉及到了场地、宣传物料、组织人员以及其他各项支出。缺少活动的社群是不完整的社群，难以形成竞争优势，但是依托实体店就不同了，它自带了场地、宣传物料和组织人员，社群需要投入的成本并不高昂。这样一来，有活动就号召大家去门店签到加体验，然后通过社群集中反馈,这就形成了营销闭环,不必担心用户被其他社群抢走。同样,这也是在为实体店扩大用户群体。

第三,服务前置。

社群零售,只能是信息前置,让用户提前获知有关产品的信息以及背后的故事,这是和实体店相比的优势,但存在的劣势是服务相对滞后,这也成为了一些人对网购有排斥心理的病根。那么,到店签到就是在消除用户的这个顾虑,依托门店让服务前置,给用户持一颗定心丸:我们有门店有技术有客服,产品有问题可以随时来找我们。这样一来,就能顺利地把吸引过来的潜在客户成功截流,不给他们再去别处看看的借口。

第四,深化用户思维。

用户思维其实不针对线上或者线下,它只是一个更针对消费者心理的营销手段。不过很多传统的实体店确实离用户思维很远,他们依靠着优势的地段想要获客,结果并不理想,反而要支付高昂的租金和其他宣传成本,这是因为现在很多用户是得到信息之后再去购物,而不会是先去优质地段消费,即使去了也会和网上的价格做对比再考虑是否购买。同理,线上营销也有照顾不到用户思维的时候,比如堆了一些枯燥的数据和几张修得夸张的官图给用户看,丝毫没有感知性,弄得用户不敢下手,生怕落差太大。那么,当社群和门店相结合时,就能让用户先获取到信息再去门店体验,满足了他们的消费需求,也增强了实体店的成交率和复购率,打破了传统的卖货思维。

很多人都在谈社群自动化,可现实的情况是,线上获取流量的成本也越来越高，那种指望着广泛发帖、频繁拉人就能获客的想法该打住了，既然流量的获取成本高，那么转换一下思路，借助线下资源帮助流量低成本裂变的同时留住客户，这才是明智之举。

时代在发展，营销的手段也在变化，至于何种营销手段是最好的并没有标准答案，它们之间也不存在天然的对立关系，我们要做的不过是融合，让优势无限放大，让劣势无限缩小，这才能适应用户，只有你满足了他们，他们才有可能回报你。关于社群零售的方式方法，在我的另一本著作《社群零售：新零售时代的模式变现》中有更加细致的论述，这里就不再展开。

5 → 讲好品牌故事

世界上最成功的营销，就是讲一个好故事。

钻石是20世纪最成功的营销，推动它的就是一个故事符号："钻石恒久远，一颗永流传。"虽然没有具体人物和故事情节，可一听这句话，眼前就会浮现出一对手牵着手、即将走进婚姻殿堂的恋人，这不就是一个代表着忠贞不渝的爱情故事吗？

在国外，故事营销有专门的名词，叫"storytelling"，直译过来就是讲故事。当然，这和我们说的内容营销同属一个范畴，对于攻占下沉市场也有着积极的借鉴作用。由于下沉市场具有熟人社会的属性，而熟人之间的社会行为最像什么？是一群人围坐在一起，彼此之间存在着高频的交流，而在他们之间传递一个故事是最具传播力的了。

讲故事，能够把产品以艺术化的形式展现出来，能够激发人们关注它的兴趣，从而在品牌和用户之间搭建一条桥梁。那么，讲好一个故事应该注意哪些问题呢？

第一，故事类型。

营销故事大体上分为两种，一种是创业故事，另一种是顾客故事。创业故事就是公司如何创立的，品牌如何一步步发展起来，当然重点是这个过程中发生了哪些让人难以忘记的事情。

比尔·盖茨的创业故事曾经激励了无数人，特别是那段"辍学创业"的经历，更是让不少青少年看到了走学院路线之外的别样人生，而这段传奇经历自然而然地也和微软建立起的庞大商业帝国牢牢绑定在一起。

顾客故事，就是顾客和该品牌之间发生的事情，可能是从一个尴尬的误会开始，但一定是以一个美丽的结局来收尾。百达翡丽曾经用广告影片的形式，讲述了一块手表成为父子之间情感纽带的故事，表达出了"代代相传"的寓意，这就是把视角放在了用户身上，很让人感同身受，同时也能和品牌文化相结合。

第二，故事主题。

一个好故事必须有一个好主题，主题深刻且有正能量，才能传播得更广、流传得更久，特别是在裂变式营销的时候，好的主题能够引发爆点，其影响力是不可估量的。

1. 励志类

励志类主题的故事有积极的引导作用，对于年轻的消费群体来说很有触动作用，也能够不避嫌地登上各类平台，而且它可以直接和品牌的创业故事挂钩，用创始人的经历去激励更多的人，容易形成精神上的连接，如果讲得足够精彩，还能增强用户和品牌的黏着度，把普通用户升级为死忠粉。

2. 亲情类

亲情类主题的故事永远有市场，因为人活着离不开家庭，离不开情感，它最大的作用就是能够直接刺激用户的消费热情，比如给辛苦工作的家人买点什么，给正在成长的孩子买点什么。注意，这类故事一定要讲得合情合理，千万不能强行煽情，因为一旦用户没有感到你表达的泪点，他们就会把这个故事当成营销手段拙劣的软广告。

3. 哲理类

虽然当下喜欢深度思考的人不多了，但这并不代表有哲学韵味的故事不受欢迎，尤其是针对一些高知背景的产品，一个引人深思的故事更能形成话题，而有话题就有了热度，就可以当成反复炒作的切入点，当然要明确这类产品的受众主要是三四线城市的消费者。

4. 爱情类

虽然现在单身一族越来越多，可这并不耽误人们向往爱情、追求爱情，所以把故事和爱相结合，就能触动年轻消费者特别是女性消费者最柔弱和敏感的神经，甚至演变成为冲动型消费，而这最容易产生营销的爆点和高潮。

第三，故事叙述。

选定了故事类型和故事主题，接下来就是如何去讲一个故事，概括起来就是越形象越具体越好，因为这样才能触动人心，才能引起消费者的思考，也更容易被人记住。想想看，为什么那么多公司喜欢用动物来命名或者作为品牌形象呢？天猫、京东（狗）、蚂蚁金服、途牛……因为具体才容易被记住，也更让人感到亲切。

国外曾经做过一个关于"形象化"的实验，研究人员找了两组受试者，分别给他们看不同的募捐信，然后让他们捐款。第一封募捐信主要在描述非洲的整体情况："马拉维的食物短缺问题波及300多万名儿童；安哥拉共有400万国民（相当于全国人口总数的1/3）被迫背井离乡；埃塞俄比亚至少有1 100万人迫切需要粮食援助……"相比之下，第二封募捐信就非常简单了，只提到了一个受灾的小女孩："您的全部捐款将转交给罗基娅——非洲马里的一个7岁小女孩。罗基娅极度贫困，正面临严重饥饿，并有饿死之虞。您的倾囊相助将会改善她的生活……"相信大家都能猜到结果了，第二封募捐信感染了更多的人，人们纷纷倾囊相助，因为那个叫罗基娅的小女孩，因为她形象和具体，让人为之动容。

第四，故事主角。

不管你讲的是创业者还是顾客，这个人一定要有血有肉，不能只是一个"男顾客"或者一个"女老板"，而应该是一个"想要给女儿买生日礼物的单亲爸爸"或者一个"原生家庭不幸的女强人"，这样才能让人对他们产生同情、欣赏、敬佩抑或憎恨和厌恶。那种工具人、纸片人的人物设定，就算放在精彩的故事桥段里也不会让人记住，因此一定要抓住他们身上的个性。

第五，故事冲突。

不同的故事当然可以有不同的矛盾和冲突，这个不需要进行死板的设定，不过从一般意义上讲，最常见的是"成长与创业中的坚持和特立独行"。因为如果是创业故事,必定会有一个从小到大发展的艰难历程,所以能坚持下来就显得有励志意义,而要展现出创业者身上的人格魅力,就要突出特立独行和世俗社会的冲突。同样,就算是顾客故事,也能涉及到销售的坚持推销和独特的营销手段,或者是顾客本身极富个性。所以,抓住这一对矛盾就等于掌握了一个万金油的戏剧冲突,会让你屡试不爽。

世界上没有人愿意听大道理,这和人的学历、审美、地位没有关系。在纸媒时代,受众广泛的《知音》和《故事会》就是因为讲的都是脍炙人口的故事,如今网络上的小段子也是同样深受欢迎。那种依靠硬广告的营销方式已经不能再打动阅历丰富的用户了,而一些老套路的软广也会一眼让人识破,那么故事就是守住营销阵地的最后一件利器,也是在下沉市场这个新阵地拓展新用户的金钥匙。

6 → 加快转化：大数据是新魔法

网上流传过这样一个段子：一位顾客打电话到某商家，客服问对方的会员卡号，当顾客说出卡号以后，客服一连说了三个手机号，问顾客用哪一个电话付费，顾客顿时惊呆了，问客服是怎么知道这么多电话的，客服说他们的客户管理系统关联了运营商的后台数据，这时顾客提出要点海鲜披萨，客服又说胆固醇偏高不适合吃海鲜，顾客这才知道，原来人家连医疗系统的数据也被连接了。

随着消费升级和技术进步，营销手段也在不断丰富，采用一些全新的技术手段来提高变现率，帮助商家顺利占领下沉市场是明智之举，其中最有力的工具就是大数据。

大数据是指不能在一定时间内用常规软件捕捉和处理的数据集合，是需要进行二次处理才能发挥决策作用的信息资产。通过大数据，可以有效筛选出最有价值的数据，能够服务于更多的用户。

有人可能觉得大数据距离自己很遥远，其实很近，网上有不少手机应用软件和平台都能提供相关的数据分析，比如FineBI、神策等。所以无论是个人商家还是企业商家，数字化应用已经是业绩增长的必需了。对想要进入下沉市场的小商家来说，本来就没有强大的后台支撑，再不依靠数据分析，那真是摸着黑走路，很容易误入歧途。想想看，为什么传统的线下零售会受到冲击？为什么网购能一而再、再而三地捕获用户？因为很多线下零售都是一锤子买卖，而网购会不断地追踪用户，会通过用户的购买记录、浏览记录和搜索记录等痕迹不断地进行精准营销，这样就强化了消费者和网络的联系。

过去用商品把消费者关联到一起，消费者买一件产品就有了联系方式，然后就不断地推荐新产品，这种营销思路难免有强推的痕迹，往往让消费者苦不堪言，而大数据分析就不会盲目地给用户推荐产品，而是抓住了用户的痛点，把对方吸引过来消费，所带来的好处也不止一点。

第一，丰富的数据类型。

现在是一个多元化的社会，多元化造就了数据的多样性，文字是数据，图片也是数据，声音和视频同样都是数据，这些不同类型的数据有的来自网页，有的来自社交平台，还有的来自线下的娱乐场所。所以，在商家去获取数据的时候，一定不能"挑食"。打个比方，有的人会觉得淘宝上的购物数据最有价值，就只收集这一类的，想看看大家都买什么我就卖什么，这就是典型的直线式思维。试想一下，有的产品一辈子怕是买不了几次，或者是在短期内不会考虑再买了，你盲目地进一批货还要卖给这些人吗？相反，如果你在百度收集了搜索数据，发现大家搜索"儿童健康食品"的数据很多，这代表着大家都有购买的意愿却没有购买的行为，这时候瞄准这个市场开进，才有机会捕获到目标客户。数据自然是越丰富越好，千万不要只盯着某一类，这会影响到你对市场的判断和整体的把握。

第二，海量的数据支撑。

大数据是海量数据的集合，不过这并不能证明大数据越多越好，而是重要的数据越多越好。比如有的消费者只是随意浏览了一个商品页面，很快就退出去了，这一类的浏览信息原本就没有什么价值。同理，那些用户反复浏览的页面以及多次购买的产品，这些才是有价值的信息，借助这类数据，我们就知道什么产品深受消费者欢迎，他们是否更多地通过网络购买，如果依赖网购，那么以熟人为基础的社群营销就有了用武之地。此外，还能通过大数据抓取到同类别的客户，这些就是你变现的基础资源，你可以通过大数据分析精确定位他们，比如他们经常去什么样的论坛，使用什么即时通讯软件等，这就比广泛散网式的推广更有效率。

第三，实时的数据更新。

大数据不仅仅是越多越好，还应该是越快越好，因为如今社会发展节奏加快，今天人满为患的平台到了明天可能就门可罗雀了。所以，获取大数据信息，一定要实时更新，哪怕是多付出一些成本也在所不惜。因为数据的时效性代表着用户注意力的方向，比如过去大家喜欢到腾讯爱奇艺这些大的视频平台去看节目，而现在不少人选择去快手抖音上看段子，这就是一个数据更新，那么在你打算投放广告、软文或者其他推广手段时，要注意人群的变化，千万不要买了一点数据之后用个三年五载，这样的数据不仅是低价值的，还可能误导你。

以上是大数据在帮助商家攻占下沉市场时的作用，但是有心之人也会发现，大数据分析并非是一个决策性的建议，它还需要进行人筛选，做出准确的判断，不能想当然地去理解它。那么，要想正确地利用它，除了向同行业人请教之外，还可以照葫芦画瓢，从别人那里学习，这就是大数据的正确应用了。

多留心电商的购物平台，你会发现平台会根据用户的浏览和购买习惯生成新的推荐产品。比如有的用户购买了手机，平台就会推荐高品质的耳机，有的用户搜索了干果，平台就会推荐年货大礼包。你看，这些推荐都是合情合理的，不是同类产品的简单堆砌，这就是我们可以借鉴的地方。换句话说，通过用户的购买行为推导出他们的兴趣爱好，再从兴趣爱好回到他们可能感兴趣的产品上，这就是有价值的大数据加工。

除了电商平台，我们在社交平台或者其他手机应用软件上，总能看到"20~30岁的人必看"或者"某某省的人这里集合"之类的广告投放，这又给了我们启示：一定要精准描绘用户画像，从标题上就把他们的基本特征标出来，这样才能强化身份认同感，提醒他们"别跑了，我们已经找到你了"。

大数据的应用是一门学问，如果感兴趣可以深入研究，当然也要学以致用，从自身的行业特点出发，把它们转化为驾轻就熟的利器。可以预见，未来是数据的时代，因为数据关联着用户，另一头可以连接到能够灵活运用数据分析的企业或者个人。大数据就是提高营销效率的新魔法，也是助推你完成下沉市场变现的关键道具。

第七章
CHAPTER SEVEN

城市不丢，农村不放

1 → 精准定位：你要分的"蛋糕"什么样

在下沉市场中，农村市场是一个细分市场，和三四线城市不同，它具备更多传统市场以及传统消费观念的特征，所以不能简单地用三四线城市的用户画像对其进行分析，必须根据实际情况描画出一个更为精确的群体肖像，才能有利于捕获和留存农村用户。当然，中国地域广大，不同地区农村用户的收入水平和消费观念也不尽相同，我们也只能从中寻找出一些共性并选取最有代表性的特征加以分析，比如那些富裕程度可以比肩一二线城市的"土豪农村用户"就不在分析之列了。

第一，谁是意见领袖？

既然下沉市场需要依托熟人社会进行营销，那么农村用户群体中谁具备了意见领袖的特质，谁就是商家重点拉拢的对象，对于这个问题万不可想当然地将村里那些德高望重的老人当成是意见领袖，他们的确可以在某些问题上有拍板决定的特权，但具体在消费领域，真正能带动大家消费的是那些往返于农村和城市的农民工群体，原因很简单，他们相比于常年劳作在故土的那些乡亲们，属于"见过世面"的那一拨人，进过大城市，辗转国内大部分发达工业区，领略过高楼大厦的宏伟，也初步了解大城市的人情世故，所以他们喜欢穿什么、戴什么，就对其他人具有重要引领作用。换言之，他们的消费影响力很强，是商家重点营销的对象，从而实现对更多农村用户的扩散影响。

第二，他们最看重什么？

大多数城市用户在生活方式上更偏向于不露富，一方面是为了保护自己的人身安全，另一方面是因为身处陌生人社会，炫富所辐射的人群十分有限，自然是弊大于利。相比之下，不少农村用户却更在意面子，曾经有调查显示，56.9%的农民在意别人对自己的看法，也就是说他们会和乡亲们攀比吃穿住行，这也是一种乡土文化的折射，因为他们想要维持在熟人社会中的地位，因此在日常开销和家电、住房等消费方面舍得花钱。更重要的是，农村是一个礼尚往来气氛更强烈的社会，随着经济条件的改善，农村的社交关系也得到了强化，很多农村用户会在大型的喜庆日或节假日相互道贺，通过传统的串门方式来沟通感情，而这就需要有档次、不丢面子的礼品，要能展示出"丰厚""豪华"和"舍得"的感觉。从这个角度看，那些强调档次、气派的品牌更容易被农村用户接受，即便商家销售的产品不具备这些特质，也可以从营销的角度让农村用户认为是"有品质感和地位属性"的产品，就可以更轻松地打开市场。

第三，他们是完全淳朴的吗？

这里我们探讨的并非是道德层面的淳朴，而是针对刻板印象中"农民吃穿用都很朴素、不追求名牌"这种生活方式。实际上，很多接触过农村消费者的商家都会发现，他们在选购产品时最看重的是质量，其次才是价格，最后是产品的环保健康程度以及品牌形象等，这和我们一般认为的农村用户"只图便宜"是不完全吻合的，也就从侧面证明农村用户明白"便宜没好货"的道理，他们懂得购买便宜货的确很省钱，但代价往往是使用周期短、产品体验差等诸多缺点，所以价格因素还是要放在第二位的。因此，面对农村用户，产品质量一定要过硬，服务也要跟上，因为他们并非不看重品牌形象，而在熟人社会的影响下，品牌的负面形象会传播得更快更广且根深蒂固。当然，和一二线城市用户相比，农村用户不太看重精神层面的东西，比如"创造美好生活"之类的，而是更看重产品的实际功能方面，体现的是一种精明的实用主义，所以在产品设计和宣传方面，不要给农村用户一种花里胡哨的感觉，这样才能让农村用户在购买产品时有获得附加值的体验，才能打造属于你的良好口碑。

第四，他们对品牌的认知到了哪个层面？

在刻板印象中，人们普遍认为农村用户的品牌认知度较低，如果和一二线城市用户相比的确如此，但这并不能简单粗暴地理解为农村用户对品牌毫无感知，相反他们已经产生了一定的自主意识，至少会在他人的引导和推荐下进行品牌选择，而非只看性价比，只不过在具体的品牌筛选环节上存在一定的模糊认知，比如他们可能都知道格力和美的的电器是大牌,轻易不会选择之外的品牌,但如何在二者之间选择就难以决断。从这个角度看,大部分农村用户依然停留在品牌意识的启蒙阶段,而这个阶段恰恰有利于品牌去占领他们的心智,一旦错过这个阶段,等到农村用户的品牌意识成熟以后,你所推荐的牌子就可能沦为"杂牌"的档次了。当然,这就涉及如何推广品牌的问题,需要注意的是,不能采用单一的广告轰炸的模式去捕获农村用户,而是要把真正的销售触角深入到农村,比如在乡村超市、小卖店中设立一个货架、一张海报,都远比在某些平台投入巨额广告要实惠得多,因为农村用户对看得见、摸得着的产品更容易产生好感,也会下意识地认为这是一个"正经"品牌。总之,只有不断拉近品牌和农村用户的距离才能打造营销穿透力。

第五,他们喜欢什么档次的产品?

一般来说,产品可以分为低档、中档和高档三大类,显然农村用户对高档产品是普遍缺乏消费热情的,那么答案只能在低档和中档之间,然而会有人认定中档产品也缺乏足够的竞争力,进而把宝都押在低档产品上,这其实就走入了一个认知误区。虽然农村用户在消费心理上不易接受高定价的产品,但随着城镇化进程的加快,一部分农村用户的消费水平也在提高,他们过去消费低档产品完全是受限于收入水平,而一旦收入增长之后,他们也会果断地告别便宜货,加上面子心理的影响,中档产品反而成为最有性价比的选择。所以对品牌方来说,开拓一条中档产品线是有利于打入农村市场的。

当今的时代变革中,新型城镇化是一个发展趋势,作为企业来说不能只盯着下沉市场中的城市区域，而忽略了乡镇农村地区，毕竟这里分布着中国最广大的人口，他们虽然在不同的区域中会呈现出差异化的特征，但其整体特征相对统一且属性稳定，所以一旦对农村用户有了较深的洞察，就能做到谋定而后动，在农村市场大有作为。

2→ 打动农村用户，从视觉开始

在互联网时代，如果一个产品不能引起用户关注，即便它的创意够新、功能够强，最终也会迅速消失在市场中，因为这是一个曝光为王的时代。相应地，攻占下沉市场也需要足够的曝光度，具体在针对农村用户方面，一个产品的直观感受是非常重要的，因为农村用户不像一二线城市用户那样看重品牌，追求个性，他们对产品的认知和理解比较朴素，而征服他们的第一步就是吸引他们的眼球，这就涉及到了视觉营销。

什么是视觉营销？如果拆分这四个字可以得知："视觉"就是看到之后的感受，"营销"就是所创造的销售机会，合起来就是用户看到产品之后引发的购买欲望。事实上，消费者在很多时候并非是理性的，如果一个产品能够带给他们视觉上的冲击或者感官上的正向感受，就容易刺激他们的购买欲望。因此，一个产品具有出色的视觉设计时，就会对产品在市场竞争中产生重要的推动力。

　　国内大部分地区的农村市场，产品无论从数量上还是质量上都是无法和一二线城市相比的，特别是在美学表达方面，也就是说这块市场的绝大部分产品都缺乏视觉营销竞争力。那么，如果以此为突破点，就能够形成一种降维打击，从消费者见到产品的第一刻开始就占领他们的心智。

　　研究表明，在人类的五大感官中，视觉占据83%的比重，因此才有了"眼见为实"的说法，通过视觉形象能够传递特定的信息给消费者，从而对他们产生影响。当然，做好视觉营销不要本末倒置，要明白重点在于"营销"而非"视觉"。

　　以三只松鼠为例，它的视觉营销就做得非常出色，比如为"主人"传播爱与快乐的店铺风格设计，里面必有松鼠出现，实现了场景式的强烈带入感和有趣的互动。在包装设计上，三只松鼠有着较高的识别度和创意度，这些都能让消费者在货架上一眼就发现它，进而刺激好奇心和购买欲望，几个回合下来就形成了"视觉记忆"，无论走到哪里，只要看到三只松鼠就会留意一下，这就是成功占领了用户的心智高地。

　　既然视觉营销如此重要，我们应该从哪些方面入手呢？

　　第一，文字。

　　文字是传递信息的重要渠道，也是视觉营销中的一部分。那么在产品包装上，就要鲜明地标出品牌名称、广告文字、生产厂家或者经销单位等，此外还可以标注一些说明性的文字，比如温馨提醒用户要注意哪些问题，这些文字信息给消费者的视觉感受就是快速地了解产品，掌握使用它的基本知识，同时也能传递有关企业文化和品牌故事的内容。需要注意的是，有的商家为了制造"视觉轰炸"的效果，在包装上写满了文字，本意是想增加信息量，全方位地吸引和刺激消费者购买，结果密集的文字让人看到之后就失去了购买欲望。所以文字信息一定要简明扼要、突出重点，不要当成产品说明书那样设计。

在撰写文字时，切记不要为了"创意"而"创意"，简单说就是能直白地表达就不要委婉地表达，化简为繁是视觉营销的大忌。打个比方，在传统的线下店铺宣传时，总会有一些宣传打折的海报，这时海报上的文字就要一目了然，将"打折"两个字清晰地写上，并用颜色对比强烈的方式突出（比如白底红字），这样路过的群众看上一眼就知道"那家店在打折"，就可能被刺激起了消费欲望，如果你自以为是地用藏头诗写出"今日打折"的含义，这种文采没人会欣赏。

第二，材料。

视觉营销并不单指包装设计，产品本身也包含其中，所以我们既要在营销上发挥吸引眼球的作用，也要在产品体验上满足消费者的需求。打个比方，如果我们设计一款夏季的服装，首先要考虑的就是材质是否轻盈和透气，而这样的材料用户是可以通过观看和触摸感受到的，在他们脑海中就会形成"清爽夏日"的联想感觉。在包装设计上，我们可以采用多层包装的方式，在普通纸盒包装的基础上增加一层黑色的不透明包装袋，这样能够防止阳光对衣服造成损害，然后再使用透明袋包装。正确的材料选择能够给用户良好的第一印象，让他们意识到这样的产品是对用户负责的，会产生一种有理由相信的感觉，而这正是建立商家和用户长期黏性的开始。

第三，图案。

图案是视觉营销中的核心部分，一个产品能否具备良好的形象都和它有直接关系，那些用色大胆、线条简洁的图案设计往往能够在第一时间抓住消费者，使其在同类产品中脱颖而出。

色彩是图案表达的重要部分，我们要根据产品的特性、市场定位、用户等多方面进行合理的安排，比如针对儿童用户，颜色就应该鲜艳、朝气、活泼，再比如针对男性用户，颜色可以稳重、成熟，而针对食品，颜色要体现出健康感和食欲感等。除此之外，颜色和图案设计要统一思路，起到相得益彰的作用，这样才有助于和消费者建立情感连接。

如果你不是品牌方只是销售方，出售的产品已经是设计好的却不让你满意，是不是视觉营销就失败了呢？当然不是，视觉营销是覆盖全流程的，如果产品设计不合要求，可以在宣传方面来弥补。比如在你的便利店门口用手绘海报去介绍新上架的产品，这时你的海报设计就能发挥视觉营销的作用，这一招在农村市场特别有用，毕竟大家购物普遍是在线下。当然，为了设计出令人满意的作品，你就需要借助天天P图、美图秀秀等图片工具来设计，总原则还是简洁形象，不要走内涵风的路线，毕竟消费者的产品观是实用至上。

举个例子，如果你经营的是一家针对妈妈用户的线上服装店，那么在拍摄产品的时候就要用到视觉营销的技巧。比如可以采用纯色底拍摄的方式，结合一些出行居家搭配的风格，让人看上去就很生活化，不是那种高高在上的艺术品拍摄手法，模特只需要选择气质好有亲和力的人即可，并不一定非要是倾国倾城的美女，这样反而会喧宾夺主，在拍摄用光方面建议采用柔光拍摄，不具有视觉的"侵略性"，在细节上注重拍摄的质感，这样就完成了基本的视觉营销设计。

第四，用户心理。

视觉营销的出发点是为了满足用户心理，这个只需要问一个问题：你喜欢逛门口的便利店还是大型商超呢？如果价格相近，那么大多数人都会选择后者，这是因为大型商超的购物环境整齐划一，走进去不仅是在消费，更像是在观看展会一样，会产生一种心理上的愉悦之感，这也是视觉营销的意义体现。比如一些外观精美、价格亲民的产品会放在显眼位置，只要吸引一个顾客过去看了，就会有第二个、第三个，如果再加上"打折优惠"之类的海报，这样的货架和展台就能吸引很多人，而如果相邻的货架是出售可发声物品的（比如电子琴、桌面音响等），那顾客马上又会被吸引到下一个货架前……相比之下，便利店就不具备这个施展空间，这就是在立体范畴内的视觉吸引，精明的商家会特意根据顾客的行动路线设置好各种"消费陷阱"，让顾客从进门的那一刻起就被第一眼看到的产品吸引，直至被吸引到最后一排货架。总的来说，用户的潜在心理是能够和产品、消费场所乃至导购产生良性的交互（喋喋不休的导购排除在外），被商家巧妙地指引而非硬性推荐，这才是购物的真正乐趣所在，视觉营销就是起点和连接通道。

营销农村市场，视觉上的沟通非常重要，因为几乎所有信息都需要通过"看"这个动作来完成，这也是一切营销手段的开始并且贯穿始终，只有当我们不断探索视觉营销的领域时，才能掌握更丰富的知识，从而和消费者进行层次更深的心灵对话。

3 → 打造"乡村好口碑"

金杯银杯，不如口碑。在农村市场这个典型的熟人社会，产品想要得到消费者的认同，"口碑"显得非常重要。注意，这里之所以没有强调"品牌形象"，是因为对广大农村用户来说，品牌认知是一个稍显陌生的概念，他们更喜欢用直观朴素的"口碑"来判定产品的好坏，这和针对一二线城市用户营销的品牌文化、品牌内涵就有了较大差距。因此，能否把自家的产品和服务打造成"乡村好口碑"，就成为打通农村市场的关键步骤。

一件东西价格实惠且品质优秀，可以造福大众，满足消费者的基本需求，这就具备了营造好口碑的基础。

价格实惠，一直是影响农村消费者购买与否的重要因素，虽然现在进入了消费升级时代，可"便宜货"仍然在那些收入不高的农村消费者眼中自带光环，这还不算商家打出的"物美价廉"的招牌。能给消费者省钱的东西，当然能轻易获得好口碑。对于打入农村市场来说，价格实惠的产品很容易带动人们去宣传，辐射的人群也更广。

品质优秀，是伴随着用户需求升级的产物，意味着商家把"好"做到了一个能够得到广泛认同的程度，虽然和那些顶级奢侈品的"极致"尚且存在距离，但对于农村消费者来说也达到了一个可以被认同甚至是追捧的程度，对商家来说具有着一定的包装空间，能够赋予产品特殊的价值，营销的纵深意义很大。

总而言之，不管你抓住了价格实惠还是品质优秀，你都可以通过附加这两个标签的产品和消费者分享，如果能适当地加上一点让利的话，就很容易沉淀来自乡村的老用户，实现口碑传播。老用户的黏着度增强了，才能给新用户和潜在用户良好的印象，给口碑注入生命力。

打造乡村好口碑，要当成战略去重视，更要细化成战术去执行。只重视战略，容易变成商家的自吹自擂；只重视战术，容易把口碑做得不伦不类。具体点说，要把重点工作放在两个方面上，只要将二者加强并充分结合，提升产品口碑就指日可待。

一方面，创造正面的信息并传递给消费者。

正面的信息，包含了产品自身的信息，比如功能性、差异性、便捷性等，这是信息的"内部"，此外还有关于产品的故事，如品牌故事、售后案例、营销活动等，这是信息的"外围"。无论是哪个部分的信息，都能对农村消费者具有引导作用，你的产品质量过硬或者服务十分周到，这些都有助于提升口碑。至于选择重点做内部还是外围的信息,这个要看你的产品特点,如果资金雄厚就可以双管齐下,如果没有硬核优势,那就多讲点品牌故事,多展示一下产品和用户之间的和谐关系,总之必须抓住一个可以做文章的点,哪怕不够大,也必须是正面的。

打造正面信息并不难,做好两点即可。

1. 留给消费者好印象。

农村消费者接触到的品牌类型十分有限,而他们第一次接触某品牌时形成的印象,会决定以后对同类产品的认知,久而久之就会变成一种习惯。国外曾经做过一个实验,学校刚开学的时候让学生们评价新老师,等到学期结束前又测评了一次,结果发现学生对老师的第一节课和最后一节课的评价没有多大变化,这就说明了第一印象的重要性。所以,你的产品要在视觉、形象、外观这些可见的因素上多下功夫。

2. 培育价值心理。

所谓"价值心理"就是消费者对产品的看法,是"你的产品具备别人没有的东西",这个才是吸引用户注意力的关键。当然,如果你的产品找不到别人没有的东西,那还是老老实实地争取点印象分,比如包装走心、服务贴心等,千万不要"没优点编个优点也要上",这往往会起反作用。

另一方面,打造多样化的人际接触网络。

没有人帮你宣传,形象再正面也没法传播出去,所以必须架构人际接触网。无论是进驻农村市场的大商家还是小商家,都可以把手中的客户或者熟人的资料进行归纳统计,大体上分成强势接触总人数和弱势接触总人数两大类别，区别就是熟识度和传播效率，然后重点突击强势群体，对弱势群体的考虑提升宣贯力度，这样整个网络的平衡性就得到了兼顾。此外，你还要注意自己进驻的乡村市场有什么特点，比如接触的农产品收购商比较多，就要注意他们二次传播的范围可能会很大，因为接触到的人群比较广泛，这就是你要细化并攻坚的部分。相反，如果是年纪大的留守老人，活动范围有限，帮你传播口碑的价值就可能低一些。当然，接触圈只有传播性的差别，自身并没有好坏之分，一定要保持圈子的多样性，不能把鸡蛋都放在一个篮子里。

构建口碑需要时间和心血，需要销售认真接待每一个农村消费者，哪怕对没有产生消费行为的顾客也要给予对方宾至如归之感，这样才能形成好口碑的不断传播。口碑的吸引力在于能够产生"隔山打牛"的效果，也就是对还未曾见面的潜在客户形成吸引力，让他们慕名而来，这才能实现持续传播的目的。

口碑的培育确实耗费心血，可一旦建立起来，就能让消费者形成惯性依赖，而习惯一旦被养成就很难被打破，这就是产品和用户的默契，针对乡村市场非常有效。其实无论在下沉市场还是上行市场，营销模式是多变的，可是"商道"是不变的，无外乎是创造需求、了解人性而已，区别只在于时代不同了，选择的渠道和方法不一样罢了，而口碑营销则永远不过时。

4 → 墙体广告：农媒体在发力

打入农村市场，对于一些习惯"城市攻坚战"的企业或者商家来说，似乎有些陌生，毕竟适用于一二线城市的营销策略在下沉市场难免会"水土不服"。事实上，扎进农村并不难，关键要找对方法。这个方法不能从针对城市消费者的营销经验中生硬地移植，而是深入乡村腹地寻找灵感的来源。

很多人会带着流量思维去试图解决所有问题，却把流量狭隘地理解为线上流量。其实在下沉市场中，抢占线下流量往往更有战略价值，不管从性价比还是转化率上都要比线上流量更胜一筹。其根本原因在于，线下流量天然自带场景，是消费者生活的真实空间，能够在特定的场景与目标相遇，因此会激发出更强烈的购买欲望，而最具有代表性的就是农村的墙体广告。

农村消费者和一二线城市的消费用户不同，他们的认知比较传统，同时他们和三四线城市的消费者也存在区别，所以线上传播在农村市场所能产生的影响力十分有限，而线下传播力最强的就是墙体广告了。

只要你去农村走一走，就能看到很多运营商、家电商都会在农村的墙体上投放广告，介绍的产品是先进的，传播的方式却是"落后"的，构成了一种看似违和但其实非常合理的组合。实际上，墙体广告并非是落后的宣传方式，中国现在还有墙体广告媒体协会，每年甚至还有中国墙体广告峰会。这足以证明这种看似"又土又落后"的宣传方式早已在农村地区深入人心，比那些制作精美华丽的网络广告更有传播力，所以商家千万不要沿用一二线城市的传播思维主攻线上。

那么，墙体广告和其他宣传手段相比有哪些优势呢？

第一，辐射面广泛。

墙体是固定的，但是和它接触的人是流动的，只要有人从旁边路过就能看到上面的广告，就像是一个巨型的广告条幅被人拉着穿梭在密集的人群中一样，其触达范围非常广泛。

第二，存在稳定性高。

墙体广告依附于不变的墙体，一般来说，可以稳定存在几年甚至更长时间，而电视广告、互联网广告则只有短时性，无法形成长期稳定的传播效果。

第三，强制性高。

墙体广告一旦上墙，不管你想不想看，都要被动地接收上面的一部分信息，这是在外面行走的人无法规避的。相比之下，互联网的广告可以关闭，电梯里的广告会因为人群密集而被遮挡，只有墙体广告的强制性最高。

第四，重复性强。

墙体广告通常会复制若干个，它们在内容、版式和颜色方面都十分接近，所以一个人很可能会反复观看多次，从而对广告内容形成较为深刻的印象。

第五，造价成本低。

一般来说，一块1.6米高、15米长的巨幅广告，制作总费用差不多在200元上下，一包到底，期间不用广告主操心，再无其他附加费用产生，性价比极高。

曾经有人做过调查，在河南商丘，小米电视的广告足足刷了300米长的墙，几乎覆盖了下面所有的县，其辐射面、传播度以及产生的品牌印象巨大，成为不少互联网公司首选的营销方式。

从某种角度看，农村的墙体广告已经成为各路商家角逐下沉市场的风向标，你能在墙上看到谁家的广告，就会知道谁抱着必胜的信念涌入这块市场。所以，无论是大企业还是小商家，只要想进军农村市场，就要加入这场声势浩大的"刷墙运动"中。

当然，墙体广告并不是简单地把广告内容刷上去就万事大吉了，还要注意本土化，那就是用农民喜闻乐见的表达方式去传播，我们可以参考一些互联网公司的墙体广告："养猪种树铺马路，发财致富靠百度""发家致富靠劳动，勤俭持家靠京东"。

从上面列举的广告可以看出，文本内容直白简单，押韵幽默，带有一种浓厚的乡土气息，而这些大公司在一二线城市的宣传标语则完全是另一种风格，这就是采用本土化策略的体现。那么，农村消费者对这些墙体广告到底产生了何种记忆与认知呢？根据采访可知，大部分人其实记不住墙体上的广告词写了什么，但会记住广告主的名字，以至于他们在上网购物的时候就会想到淘宝，在购买家电的时候就会想到格力。从这个角度看，企业或商家千万不要在墙体广告的文本上太过花费心思，只要让行文简单、顺口、诙谐即可。因为消费者需要记住的是品牌，这才是日后变现的钥匙。

粗略统计，中国有60多万个行政村，如果每个村能刷10面墙，那就是600万面墙，其辐射的范围相当广大，这也意味着农村这块下沉市场已经为商家准备好了宣传工具，谁快人一步，谁就能抢占宣传的高地。

现在围绕着墙体广告还诞生了新的传播方式——农媒体。从字面上看，农媒体就是依托农村市场存在的媒体平台，它们和一二线城市的媒体有很大不同，并非是那种实力雄厚的广告商，而是随处可见的小卖店、村口的大喇叭、露天电影的播前广告等。总的来看，有一种"土气"，但这种"土气"才是最适合营销农村消费者的工具。因此，以墙体广告为原点，就可以创造出一种可复制的打法：一个村寻找一个代理农媒体人，通过一面墙、一个线上社群、一次露天电影的播前广告和一场线下活动，总成本不会很高，却能起到至少辐射一个村的宣传效果。

依托上述的宣传思路，商家就可以借助农媒体进行农村市场的品牌调研，积极了解用户的反馈信息，同时做社交裂变，扩大品牌的知名度，抵御竞品的蚕食。所以，针对农村市场的营销，不要只考虑线上，要多留意线下，毕竟中国很多行政村落的面积不过一两万平方米，一条信息只靠线下传播也用不了一个小时，而且其产生的印象会更深刻。所以传播信息在农村市场恰恰不是一件难事，关键在于你是否学会了这种营销思维。

从2021年开始，国家就把全面推进乡村振兴作为重点工作推进，不少地区都配套出台了相关政策法规，通过产品服务技术带动乡村振兴，这对于所有人都是一个良好的开局，农村市场也由此诞生了一种特殊的魅力与号召力。而四处开花的农村广告墙体，就是占领农村市场绝佳的宣传阵地，它不仅代表着一种全新营销战的开幕，也代表着一种下沉思维的转换。

5 → 把"购物车"植入农户的手机

随着越来越多的商家涌入下沉市场,如今这里再被称作"蓝海"似乎有些不贴切了。但如果结合互联网营销的思路,针对下沉市场的农村用户还是有催化作用的,毕竟互联网营销是借助网络和营销心理学双重作用的结果,具有娱乐性强、极致的性价比以及社交裂变等属性,而这些正是刺激农村用户提升消费热情的关键道具。

第一,娱乐性和社交性增强购物的快感。

一般来说,农村用户的作息时间与季节、天气有较大的关系。在中国的北方地区,如果进入冬季农户的劳动量要减少很多;而在中国的南方地区,虽然理论上一年四季都有劳动的条件,但从整体上看,他们的闲暇时间也比大多数一二线城市用户要多一些但这些空闲时间往往是碎片化的,也就是说,每天都有几个小时的零散时间可以自主分配。而农村的娱乐方式又十分有限,自然通过互联网来满足娱乐需求是重要渠道。

具有鲜明对比的是,通常一二线城市的用户不太喜欢好友拼团这种购物方式。因为他们认为要浪费很多时间,但是下沉用户却更容易接受:一是受到熟人社会关系的绑定,二是闲暇时间充足。在这个交互购物的过程中还能体验到与他人社交的满足感,通过拼购一件产品,彼此就有了一个新的共同话题,在消费方面还节省了资金,这就极大地调动了他们的购物积极性。

当然,想要尽可能地增强娱乐属性,单纯依靠电商平台的拼购是不够的。毕竟它们是以购物为主体架构,而各大短视频平台的直播就有更强的娱乐性。因为带货的主播们平时就能为粉丝提供娱乐性的内容,现在将购物、娱乐和社交结合在一起,就能增强广大粉丝的参与度,完成变现。

第二,性价比拉动消费潜力。

虽然消费升级是一个大趋势,但对广大农村用户来说,他们的消费能力还是不能和一二线城市用户相比。在网购平台出现之前,线下经营成本高,导致很多产品价格并没有达到极致性价比的水平。但是随着互联网经济的兴起,经营成本会被压缩得更低,这就为打造性价比优势创造了条件。

现在重点来了,如何让农村用户感受到极致的性价比呢?除了单纯地压低售价之外,采取合理的销售策略也十分重要,最典型的就是"买一赠一"。

有人觉得,为了竞争优势已经砍掉了不少利润空间了,哪儿还有能力赠送呢？那么，"买一赠一"是真的赔了吗？

首先，赠品是为了解决问题诞生的，不是为了制造问题诞生的。

消费者的购买行为，从来都不是由一个部分组成的。你买3.5元的香皂盒，运费10元，这时你会有两个纠结点：一是两个香皂盒还没运费贵，有些不值当；二是3.5元好像不如别家十几元钱包邮两个的便宜。所以，你盘算了半天就可能不买了。但是如果是买一赠一的话，3.5元能买两个香皂盒，7元就能买四个香皂盒，这也比十几块钱包邮两个要便宜，消费者就可能舍得花10元的运费了。说白了，你让消费者纠结的地方变少了，决策也就更容易了。当然，"买一赠一"的初始价格，要根据你的最低成本来计算，不能胡来。总之，赠品既能帮助消费者减轻选择困难症，也能帮助商家尽快套牢目标用户。

其次，赠品是为了提升消费者的获得感诞生的，不是让商品产生廉价感。

有的人会觉得，赠品太多，这不就变相说明我卖的东西不值钱吗？这的确会有影响，但你要同步对比消费者的获得感。什么是获得感？同样花10元钱，买一件东西和买一赠一，感觉上是不同的，这就是从数量上体现出的获得感。如果买的越多赠的也越多，这种获得感就变得更加清晰，所以我们一定要在"量"上做文章。香皂盒是等量复制的买一赠一，我们为了减少成本，可以搞不等量的买一赠一。比如买一块香皂赠一个香皂盒，这个多出来的香皂盒就能给予用户获得感。有了精神上的满足，用户才愿意和你持续地进行交易行为。

最后，赠品是为了降低消费者的恐惧感，而不是增加商家的恐惧感。

白送给别人东西，有些商家还真是绕不过这个弯，总觉得自己要吃亏了，总要算计着如果不送东西消费者是不是也会买？其实，消费者比你更恐惧。从心理学上讲，人们对免费的诱惑力是难以抵挡的。打个比方，你在超市里看到方便面搞"买一赠一"的活动，但是你最近就想吃辣条，所以推着小车昂首挺胸地走开了，然而走出不远就会琢磨：我现在不吃，可是过两天想吃了再买，是不是又没有赠品了？这种诱惑力会让你觉得自己不买方便面的决定存在巨大风险，所以控制不住地要关注买一赠一的优惠活动。说到底，消费者比商家更容易产生冲动，我们就要利用这种情绪刺激他们的购买需求。

买一赠一也好，其他营销策略也好，主要是针对农村用户的核心消费诉求来制定的，你可以理解为对人性贪念和幻想等弱点的利用，但恰恰是这些弱点，往往能打造新的消费增长点。

让农村用户接受网络购物，放弃传统的线下购物思维，就要从娱乐、价格、社交三个方面共同入手，不是直接告诉他们打开手机去产生消费，而是让他们逐渐意识到，只要打开手机就能找寻到社交的满足感，就能轻松地打发无聊的时光，还能以最低廉的价格买到更多的产品，这样才能形成惯性思维，让他们的手机中再也离不开"购物车"，愈发依赖网购这种新消费模式。

第八章
CHAPTER EIGHT

以点带面：成功案例直播

1 → 京东：电器下乡的辛酸探路史

十多年前，一场家电下乡推进了农村家电的普及。据统计，2012年国内（山东、河南、四川除外）家电下乡产品销售7 991.3万台，销售额达到2 145.2亿元。如今十几年过去了，家电行业又处于饱和状态，各大家电商和销售平台都在寻找新的增量市场，而农村乡镇地区无疑成为了首选目标。

在2021年的政府工作报告中明确指出，要稳定和扩大消费，健全城乡流通体系，扩大县乡消费，提倡运用"互联网+"推动线上和线下的深度融合。从大环境看，进入农村乡镇地区拥有良好的政策指引和支撑，是一个不能错过的机会，但这条路怎么走，可以回顾十多年前京东家电下乡的打法。

在家电下乡这场攻坚战中，京东家电专卖在扩大县乡消费方面发挥了重要的推动作用，成为京东家电覆盖县乡市场的主要桥梁，对完成中小商家价值转型、推动下沉市场公平交易有着重要推动作用，也从整体上推动了农村居民生活水平的提高。但是，深耕城市多年的京东还是在下沉的过程中遭遇了重重阻力。

当时京东面临的是农村市场物流不畅、电器安装困难以及服务成本较高等问题，这也是很多企业市场下沉面临的共同问题。为此，京东成立了第一家京东帮服务店。该店的主要功能是为农村消费者提供家电配送、调试安装以及售后服务，最大限度地将销售和服务的触角延伸到农村的各个区域。当然，这种战略布局并非任何企业都能承受得起的，如果想要借鉴京东这种模式，可以在重点销售区域展开。

物流配送体系是攻占下沉市场不可回避的问题，也是经销商、消费者的痛点所在。京东从2007年决定自建物流开始，对物流体系投资节节攀升，从2009年到2013年，京东物流成本投入从1.44亿元增长到了41.09亿元，也就是在这个时间节点上展开了家电下乡的营销大战。另外，从2009年到2012年期间，京东物流费用率从4.9%增长到了7.4%。尽管投入巨大，让京东持续承受着资金压力，但物流是市场下沉的重要一环，作用相当于打通农村市场的"任督二脉"，因为一切后续的营销服务政策都要建立在物流畅通的基础上。

为了节约物流成本，京东和便利店或者批发市场签署协议时，始终都是以"轻资产"为核心运营策略，这样能够凭借轻资产渠道撬动三四线城市乃至乡镇市场的占有率，既可以增强用户黏性，也能降低物流成本。

降低总成本是京东的"节流"方案，与之相对应的"开源"方案是建立品牌认知度、拓展潜在用户市场。以京东的活跃用户数为例，增长率一直存在放缓的趋势，2011年为1 250万，2013年为4 740万，也正是基于这一背景，京东才笃定瞄准下沉市场发力，毕竟城市用户增长放缓是必然结局。然而这里存在一个矛盾点：家电类产品的特点是体积小、价值高，物流成本相对较低，但是非易耗品，用户黏性较低。尽管劣势较多，但是从长远来看，家电产品对农村消费者来说属于"大件用品"，通过哪种渠道购买会在一定程度上提升品牌认知，所以即便利润空间有限，这个先入为主的印象分也要尽可能掌握在自己手中。

在一系列谋划布局之下，京东从2016年开始在国内县级市以下开设京东家电专卖店，到2020年7月，国内的京东家电专卖店已经覆盖了2.5万个乡镇、60多万个行政村，开启了全新的经营模式。

从线上覆盖到线下，京东秉承的原则是坚持零售的本质，即将"更低的商品成本、更高的服务效率和更佳的客户体验"设定为经营的终极目标，这意味着京东家电的全部业务创新点都要以此为目标进行。这样做虽然前期投入成本巨大，但是几乎一劳永逸地解决了下沉市场货源不足、家电价格虚高、小商家竞争实力差等痛点。从农村消费者的角度看，为他们创造了一个能够公平消费的环境，促使他们实现了消费升级。

市场下沉必然会经历一个"低利润期"甚至赔钱赚吆喝，但是京东对这个问题认识清楚，明确了三个主抓指标：一是本土化品牌，即通过与农村便利店合作将其打造成为线下体验店，提高农村消费者对京东的信任感，同时优化售后服务体验；二是增强入口黏性，依靠离终端消费者距离最近的便利店布局将农村用户从线下引流到线上，发挥自身的线上经营优势；三是积累用户数据，进一步清晰下沉用户形象。

2020年，由于新冠疫情的影响，导致线下零售备受冲击，这无疑对京东是一次严峻的挑战。不过，京东发挥了线上和线下融合的优势，在京东主站流量的推动下，帮助诸多店主在疫情期间仍然实现逆势增长，这一系列操作促使线下家电零售市场得到了全面复苏。

2020年"6·18"期间，京东家电专卖店的整体成交额同比增长240%。正是这种帮扶作用，提升了店主加入京东家电专卖店的意愿，促进京东全渠道战略的下沉和扩张。这个演化过程让更多的消费者购买到高质量的商品同时享受到高品质的服务。

在市场下沉的过程中，京东没有选择单枪匹马的孤胆英雄模式，而是积极寻求和美的、海尔等众多知名品牌进行战略合作，由此开启了"星火计划"。

"星火"出自于"星星之火，可以燎原"的名句，重点以战略品牌、运营、系统三大策略加持专卖店，打造不可复制的渠道竞争力，从而带动品牌商和店主扩大市场，将京东家电专卖店塑造为集优产品和强运营一体的智慧零售平台。在"星火计划"实施后，京东将联合战略合作伙伴形成矩阵优势，提供更多专供商品和高端商品，帮助乡镇居民提高居家生活品质。值得注意的是，"星火计划"还把重点放在多场景生态圈的打造上，吸引了很多智能家电领域的强势品牌进入。通过这种生态搭建，会极大地促使原本"下沉"的农村乡镇家电市场加速，以令人满意的增长率华丽"浮出"。

根据公开数据显示，2021年农村居民人均可支配收入为18 931元，实际增长9.7%，比城镇居民收入增速高出2.6个百分点。从这个角度看，未来农村乡镇市场大有可为，不过也不要盲目乐观，毕竟如今的增量无法和十多年前的家电下乡相比，上升空间始终有限。但是，我们可以参考当年京东所走的路线去规划进入农村乡镇市场的路径，在鱼龙混杂、杂牌遍地的市场环境中找到属于自己的位置。

2 → 快手：小镇青年的自嗨诉求

随着下沉市场的入局者日益增多，人群红利也逐渐消减，这意味着不改变原有的策略是很难继续获得可观的增量市场的，这对于任何企业来说都是一个必须思索的问题，一招不慎，就可能满盘皆输。

相比于那些最近几年才开始布局下沉市场的竞争者，快手在下沉市场沉浸多年，可谓经验丰富，也被媒体认为是一种"降维战略"。这种成功的商业视角和模式不仅受到资本的热捧，也吸引了更多行业巨头的进入。

据中国互联网络信息中心发布的第49次《中国互联网络发展状况统计报告》显示，截至2021年12月，短视频用户规模9.34亿，使用率90.5%。根据中国广视索福瑞媒介研究（CSM）发布《2021年短视频用户价值研究报告》可知，短视频用户日均观看短视频超过

60分钟的用户占比达56.5%，人均每天使用时长升至87分钟。

快手上的小镇青年来自四面八方，他们热衷于拍摄视频展现自我，粗略统计每年会在快手发布超过28亿条的视频，而这些视频每年也能得到超过800亿的点赞和180亿以上的评论。他们是生活的记录者和讲述者。每年小镇青年在快手平台播放视频的次数高达26 000亿。

当然，有一部分人对快手存在刻板印象，认为上面有很多"怪人怪事"，甚至感觉有些"low"（低级），但其实这种评价是不准确的，快手上的一些表演形式更像是"乡村小咖秀"。的确，一些主播擅长的是喊麦这种粗犷有力的号召形式，有点像信天游或者船工号子，听起来十分狂野和豪放，但这并不能否认他们当中有一些身怀绝技的人。比如有人经历过从外卖小哥到职业拳王的职业转型，这些人并不安于现状，在流动的生命中挑战着自我的极限。观看这些人的视频，就能跟随他们的脚步成为他们的旅伴，游历祖国的万水千山，体验奇妙的人生百态。

挖掘到用户的需求痛点，再给出一个完美的解决方案，这是开拓新市场的通用策略。以下沉市场的小镇青年为例，他们见过一定的世面，有自己的想法，更有表达自我的需求，而快手就提供给他们这样一个广阔的舞台，甚至还会主动引导他们去表现自我。

通过一些数据显示，小镇青年充满正能量的人并不少，他们观看学习型视频的占比比城市青年高出8倍，而且37%的小镇青年有除工资外的赚钱渠道，73%的小镇青年喜欢储蓄。这些表现看起来要比城市青年更有努力生活的积极性。

小镇青年从来不是无所事事地沉迷于网络，他们同样有生存焦虑，也有功成名就的渴望。而快手和电商属性的融合又给他们提供了渠道，他们通过短视频，把优质的创业产品推荐给更多的受众，既充实了内容，又增加了创收。有意思的是，小镇青年的视频创收玩出了新的花样。比如有通过唱歌织布来宣传侗族文化，随后带动村民积极参与新媒体平台号的创建和运营的致富带头人，还有北漂青年选择返乡创业，创新培育出海鸭蛋，带头创造了致富经。

从小镇青年在快手平台的火爆演出，可以看出快手对下沉市场的心智产生了重要的影响，不仅迎合了他们的种种诉求，也在一定程度上影响了农村用户的观念。

第一，开阔眼界。

小镇青年原本生活的环境相对闭塞，而新媒体和互联网的发展帮助他们了解了外部世界。这种打破时间和空间限制的信息传递让他们不再局限于自己的生活圈子和工作圈子，通过短视频这种形象鲜活的方式提高了信息交换的效率，让他们接受和传递了不同的思想，进而让广大农村用户也形成了独特的互联网思维并慢慢作用于现实生活中。

第二，改变就业观念。

受制于成长环境和教育条件。农村用户整体文化素质低于城市，在思想观念上也相对落后，所以会从事一些工作强度大、内容枯燥甚至是带有危险性的工作，工作的可替代性强且收入较低。而短视频平台的诞生改变了他们底层打工人的命运，让他们有机会重新审视自己的生活，重新定位对自己的认识，进而探索出一条全新的就业之路。

第三，丰富娱乐方式。

短视频作为互联网和新媒体中最有娱乐性的存在，让广大农村用户认识到新媒体不再是一种陌生的存在，而是成为生活的必需品，拉近了他们与互联网新媒体的距离，丰富了过去相对单一枯燥的生活方式。

第四，重构价值观。

农村用户通过浏览短视频，会逐渐接受了一些内容创作者传达的价值观，开始朝向一些所谓的"流行文化"看齐，不再拘泥于简单的物质需求，而是倾向于对外展示出一个真实的自我，释放压抑许久的个性，进而重新塑造价值观，以新的姿态面对生活。

第五，满足被认可感。

相比于一二线城市，广大农村乡镇地区能接触到的高品质服务少得可怜，简单说就是作为消费者难以感受到被重视、被需要的感觉，但是短视频平台为此创造了条件，比较典型的就是快手用户很喜欢给主播打赏，但他们当中的很多人收入并不高。究其原因，是想要通过消费来购买支配权，从而获得一种认同感，这在下沉市场的小圈子中更加突出。

短视频行业的确存在着审美差异，这种差异也造就了不同的市场格局，比如抖音用户觉得快手土，快手用户觉得抖音矫情。其实用户根本不必在意这些争议，而是寻找自己生活的同类项，这才是欣赏内容的出发点，也是短视频平台在进入下沉市场时所作出的选择。而快手用一双发现真相的眼睛敏锐捕捉到了农村用户的种种诉求，引导并创造出了一种独特的审美文化，既提升了品牌知名度，也收获了一批固定受众群体。

3 — 趣头条：好孩子就要多奖励

在移动互联网和智能手机不断普及的时代中，人们越来越习惯在碎片化时间里观看资讯和短视频，因此这两个领域的内容生产者和发布平台迎来了利好阶段。在移动资讯平台，趣头条则是一个绕不开的话题。

2018年有两家上市的公司引人注意：一个是拼多多，另一个就是趣头条。它们都是来自上海的互联网企业，成立时间都不长，而且都选择在美股上市。此外还有一个值得关注的相同点，那就是它们都从下沉市场崛起。

有意思的是，在趣头条于2018年9月14日在美股上市后，发行价达到了每股7美元，收盘价格为15.97美元，大涨128.14%，让这家成立还不足3年的公司第一次引人注目。然而很多一二线城市的人竟然第一次听说这家公司。单从这一点看，和拼多多有些类似，因为趣头条一直被认为是乡村版的今日头条，它的发力重点正是在广大乡镇地区。

其实，无论是城市版还是乡村版，有利润空间、有增量市场才是最重要的，而在这方面趣头条的市场空间丝毫不逊于今日头条。毕竟中国广大的县、乡、镇以及农村约占全国人口的80%，差不多是10亿人左右，毫无疑问，这是一个规模高达万亿的大市场。

趣头条坚定地选择了下沉市场，是因为它敏锐地意识到下沉市场是中国互联网最后一片流量蓝海。这里的用户之前接触互联网产品比较少，所以客观上对产品体验的要求也不高，而对广告的宽容度却比较高，这个精准的用户地位让趣头条获得了快速的扩张，而趣头条也对用户"投桃报李"：你们喜欢什么我就推什么，最典型的就是广场舞之类的内容在趣头条上就十分受用户欢迎。

或许在一些老牌的互联网大厂看来，一旦被冠以"乡村版"的头衔似乎档次就降低了一些。但事实并非如此，要知道下沉市场的10亿用户正在被互联网唤醒他们的消费观念，对于根基不深的互联网公司来说是最好的舞台。

有一个事实不可否认，趣头条现在的盈利状况并不理想。2021年第三季度，趣头条营收为9.65亿元，而第二季度的营收是12.02亿元。但是我们也应该看到，趣头条的业务扩张速度还是保持着迅猛的势头，它旗下的免费网文平台米读小说日活用户已经破千万且持续增长，截至2021年第三季度，原创作者数量同比增长172.75%。

从用户增量来看，趣头条在下沉市场的影响力依然存在，那么它占领用户心智的关键点在哪里呢？

第一，明确产品价值。

很多人都觉得，资讯平台多如牛毛，凭什么是一个刚起步的趣头条能占领下沉市场呢？如果我们回看90年代会发现，那时候的乡镇地区人们获取信息的渠道是广播，而电视、报纸则相对冷门，毕竟听广播在田间地头就可以。随着互联网和智能手机的普及，城市中人们获取信息的方式发生了改变，不过在乡镇地区仍然受到局限，作为移动端的智能设备，手机是主要信息获取渠道。

根据企鹅智库发布的《中国三四五线城市网民时间&金钱消费数据报告》可知，三四线城市的居民上网主要通过手机完成，对电脑的使用率远低于一线城市。而在乡镇地区则更是如此，差不多有90%的人在闲暇时间玩手机。换句话说，他们对手机的依赖程度要高于一二线城市。这样一来，趣头条就扮演了智能广播的角色，让乡镇地区用户随时随地都可以获取感兴趣的资讯，而这正是产品的价值所在。

第二，避开竞争赛道。

虽然下沉市场的竞争烈度要低于一二线城市，但这并不意味着没有竞争对手。从内容打造方面来看，趣头条虽然看似和今日头条比较接近，但其主流输出的资讯和今日头条的重叠度不高，也就在客观上避开了一个强大的竞争对手。根据趣头条第三方广告平台的数据显示，今日头条和趣头条的用户重叠度大约在20%，不过和拼多多的重叠度达到60%。这也从侧面说明趣头条和拼多多都瞄准了下沉市场。

第三，获客手段讨巧。

和拼多多类似，趣头条在打造社交裂变方面值得学习，通过特有的阅读赚积分、"邀请好友"等营销手段，简单说就是在趣头条上看东西是可以赚钱的，仅凭这一招就能在短时间内积累大量用户，具体的策略是：用户在趣头条上登录、分享、评论、阅读等行为都能得到金币，而金币积攒到一定数量以后就能换成现金提现。至于"邀请好友"就更值得研究：用户可以通过推广他人加入成为自己的"徒弟"，然后就会从徒弟甚至徒孙的积分奖励中抽成，基本上每获取一个用户只需要不到10元钱，远低于一二线城市的获客成本（普遍上百元左右）。

第四，留客方式有效。

趣头条依托大数据算法和云计算等技术，为用户提供了点对点的个人偏好内容定制，比如大部分小镇青年都喜欢娱乐、体育以及动漫新闻，还有一少部分人喜欢社会新闻和猎奇新闻，再有就是喜欢健康养生资讯的中老年人，趣头条会根据用户的历史阅读数据实施精准推送。在腾讯投资以后，又通过微信这个超级入口加大了对下沉市场的沉淀力度。针对内容创作者，趣头条致力于为他们提供更多流量和收益，相继推出了"快车道计划""合伙人计划"以及"云耕计划"，增强了扶持力度，吸引更多有实力的创作者入驻。

第五，贴合时代背景。

如今，农村数字消费已经成为国家经济社会发展的新动能，趣头条作为聚焦新兴市场移动内容平台的典型，已经在数字乡村建设中先人一步布局并抢先发力，以资讯为原点，朝着小说、游戏、短视频等多个领域扩展。尤其是旗下的米读产品，专注内容原创，不断推出了多个内容扶持计划，吸引了不少权威媒体和优秀作者入驻，创造了良好的商业生态。通过服务模式的创新和内容的优质化全面赋能新兴市场，从经济和文化领域助推农业农村现代化发展。

当然，我们不能否认趣头条目前存在的营收困境问题，这最主要是它盈利模式非常单一，对广告高度依赖，而广告特别容易受到宏观经济形势的影响，尤其是在近两年疫情爆发的特殊历史时期。此外，趣头条把太多钱花费在了获客上，从成本端就直接挤压了盈利空间。不过，我们还是可以从趣头条别具一格的创意营销和内容打造上学习下沉市场的打开方式。

乐观地看，下沉市场拥有10亿消费者，他们的需求存在着被引导、挖掘甚至创造的可能，而趣头条主要满足了他们对资讯获取的需求。除此之外还有休闲、购物、游戏等更多需求等待深挖。这些都是未来值得挖掘的空间，也并非一家公司就能独吞，越早进入就越有抢占高地的机会。

4→ 蜜雪冰城：苍蝇腿也是肉

有人的地方就有江湖，有利益的地方就有纷争。在一二线城市存量空间愈发缩小的当下，下沉市场所带来的流量增幅吸引着一大批参与者，因此无论是传统的线下实体行业还是新兴的互联网企业，都在思考如何从这块增量市场中最大限度地获得利润。毫不夸张地讲，在下沉市场的争夺战中，几乎所有参与者都本着"苍蝇腿也是肉"的原则，尽可能地捕获更多的客户，同时处心积虑地培养潜在客户，让"薄利多销"成为很多商家的不二之选。

事实上，在市场竞争和疫情影响等多重因素的作用下，很多行业的利润空间都在被不断挤压，哪怕一向被看成是"财神爷"的商业银行，也不得不承认进入了"薄利"时代，为了增加利润总收益也开始挖掘下沉市场。金融行业尚且如此，那么实体行业、电商行业等参与进来的竞争者也深谙这个道理。

如果说2021年有哪些"金曲"最为火爆，相信很多人都会提名蜜雪冰城的主题曲，这首改编自美国民谣的曲子一度成为网络上的洗脑神曲。一度创造了"甜蜜蜜"效应。在喜茶、奈雪等品牌席卷一二线城市的不利背景下，蜜雪冰城依然能够以"人均8元"的奶茶品牌打出属于自己的市场，以至于出现了精致白领喝喜茶奈雪、小镇青年手捧蜜雪冰城的独特现象。的确，从价格上看，同样一杯奶茶，奈雪和喜茶至少20元，而蜜雪冰城只需要8元，但在口感对比上其实并没有太过明显的区别，所以在炎炎夏日一度成为卖断货的爆品。2018年，蜜雪冰城在全国拥有超过5 000家门店，而到了2019年11月就突破了7 000家，短短一年后门店已经接近2万家，而目前喜茶和奈雪的门店数还没突破千位大关。

2021年初，蜜雪冰城持续三个多月的首轮融资终于完成，市场估值超过200亿人民币并多次登上热搜，尤其是那首改编的"你爱我我爱你，蜜雪冰城甜蜜蜜"成为了十分"魔性"的洗脑神曲。毫无疑问，蜜雪冰城在下沉市场的开拓是非常成功的，而大众消费者对它的第一印象就是具有性价比。对此，我们可以总结出三条经验：

第一，找准市场风口，通过薄利多销脱颖而出。

蜜雪冰城的品牌定位十分接地气和平民化，那就是帮助消费者省钱，其产品均价为6元左右，和那些动辄几十块的饮品相比确实是人人都能喝得起。那么，"喝得起"意味着什么？意味着它找到了一个让自己在下沉市场起飞的风口。毕竟在一二线城市，人们对奶茶、冰淇淋的消费观念常常绑定着一种餐饮文化甚至是高级感、品味感，价格太亲民反而"降低"了品牌形象。但是放在下沉市场，蜜雪冰城的定价就显得十分合理。其实，这并不是说下沉市场的消费者真的喝不起几十块钱的奶茶，而是在他们的消费观念中，这类饮品不该花费太多的钱去享受。而蜜雪冰城准确地抓住了人们的这一心理，没有盲目跟从追逐饮品暴利的潮流，在下沉市场竖起了物美价廉的大旗，通过薄利多销的策略赢得了消费者的好感，成为走亲民路线的爆款产品。

第二，建立完整的供应链体系，抢占每一寸市场空间。

既然不嫌弃苍蝇腿这一点肉，就要把渠道链条做得越长越好，把营销的范围做得越广越好，让市场不留死角，最大限度地扩大利润空间。在蜜雪冰城的创业初期，整个供应链体系并不成熟，后来积累了资本之后开始自建供应链，确保了产供销的触角伸得更远，不放过任何一只"苍蝇"。由此，蜜雪冰城打造了完整的供应链体系，拥有自己的原料加工厂，连脆筒和冰淇淋粉都自己生产。后来又和其他大厂合作，确保原料供应不断，既有效降低了成本，也具备了向下沉市场不断试探的能力，最终依靠极致的性价比争夺了一个又一个新客户。

第三，确保平价的同时不拉低质量。

想要长期维持薄利多销的策略，就要确保客户与品牌的黏性，一锤子买卖是做不到持续获利的，蜜雪冰城虽然推出了平价产品，但没有以低质量为代价去透支未来的品牌信誉，即使千方百计要省钱，主要也是从渠道、运输等方面减少成本，从而打造出超高性价比的产品。在这种策略的影响下，蜜雪冰城也不会一味地与同行打价格战，而是保持精进产品的基本原则，让消费者不会产生"买蜜雪冰城是在买便宜货、低端货"的认识。

结合蜜雪冰城在下沉市场的成功经验，我们虽然不能完全复制其品牌成长的过程，但可以了解其薄利多销策略是如何推行起来的。对此，我们产生了一个较为清晰的认识：下沉市场目前还处于开拓、挖掘和培育的过程中，想要获得暴利并非不能，但往往要付出高昂的代价并承受巨大的风险，所以为求长远还是要稳扎稳打。而在这个过程中所收获的利润也许没有那么可观，作为市场的参与者绝不能产生嫌弃的心理，更不能急于赚快钱，而是要把获客和留客当成核心法则，才有在下沉市场深度扎根的可能。

首先，通过巧妙的品牌包装吸引更多的客户。

薄利多销有两个组成部分：一是控制成本，二是扩大客源。在扩大客源方面，品牌形象是非常重要的，商家不必像在一二线城市那样处心积虑地编造一个有历史感、文化感的品牌故事，不妨直接切中要害，就是要打造人人都消费得起并且不丢面子的产品，既满足人们的基本消费需求和社交需求，也能让大部分人都负担得起。当然，随着下沉用户的逐渐成熟，平价产品中也可以推出"升级"产品，做到既有亲民产品，又有高端精品，塑造品牌的宽容度和灵活性，建立广泛的用户基础，让薄利多销有合适的生存土壤。

其次，通过多渠道的宣传挖掘更多的潜在客户。

苍蝇腿的肉虽然少，但量变总会引发质变，只要营销的触角足够长，就能源源不断地捕获更多的潜在客户，提升转化率，增加市场收益。作为商家，在攻占下沉市场时要注意多渠道宣传产品，最好是线上和线下同步进行，不要产生"下沉市场线下宣传更重要"

的狭隘认识，要学会借助互联网营销增加品牌的曝光度，引起那些潜藏在角落中的消费者的注意力，制造一种人人都在购买自家品牌、人人都在关注自家品牌的错觉。

最后，通过加强服务纵深提高用户的留存率。

想要薄利多销，单靠数量多是不够的，还应该提高消费的频率，尤其是在人口密度小于一二线城市的下沉市场，一件产品如果利润只有一块钱，那么复购率不断拉升以后，一块钱就可能变成一百万。所以商家针对下沉用户要多采用社群化的运营方式，对外建立客户群，对内归类客户资料，在充分了解客户的前提下提高服务品质。比如上门回访、积分奖励等制度，让用户获得参与感和满足感，这样才能更好地解决客户留存难的问题。

如今的下沉市场资源争夺战刚刚打响，参与者前赴后继，这意味着即便是增量市场也面临着被各大品牌、平台等市场参与者瓜分的可能。既然现实如此残酷，每个参与竞争的入局者就不能眼高手低，要珍惜每一个可能到手的资源，在将其转化为自身经济效益的同时，摸索出更多具有实战价值的商业策略，在下沉市场的攻坚战中整合各种信息资源，有的放矢地拿下每一个细分用户群体，完成预期的利润指标，在新风口赢得腾空而起的高光时刻。

把专业的事交给专业的人　　中华工商联合出版社　　米文阅读 MiWen Read

出 书 吧
企 业 及 商 会 版

一站式
全流程
出版服务

1 从选题策划到书稿修改

2 从编辑加工到上架销售

3 从选题持续开发到衍生品创意

中华工商联合出版社有限责任公司是中华全国工商业联合会主管，吉林出版集团主办的，中央和国家机关所属出版社与地方出版集团跨区域、跨部门战略重组的全国第一家出版单位。我们始终秉持"传承文化，服务工商"的出版理念，以经管类、励志类及培训类图书为主线。围绕主线，关注全国工商联的中心工作，以服务于"两个健康"为己任，致力于为民营企业提供优质的出版服务。

为更好地服务于读者，特别是广大民营企业和商会组织，我们特别推出"出书吧（企业及商会版）"。希望能以书为媒，在出版社与企业之间建立良好互动，为企业提供优质高效的出版服务。更为重要的是，用书架起沟通的桥梁，让全社会更多了解民营企业、民营企业家，从而给予民营企业更多的支持。

| 如果您是企业家，记录峥嵘岁月和创业艰辛，一部著作是最好的呈现。 | 如果您想让更多人了解企业品牌和文化，一本书可以团结更多合作伙伴。 | 如果您想让更多企业了解商会协会，出版一部年鉴或年报，找我们就对了。 | 如果…… |

不要再犹豫，扫扫二维码，将如果变为成果——我们已为您准备好一切。

工商联出版社公众号　　数字图书馆

联系人：段瑛琦　电话：010-58302813　邮箱：gslcbs@126.com